"双一流"建设系列精品教材

供应链金融：
理论、实务与前沿进展

田俊峰　司艳红　王　力　编著

西南财经大学出版社

中国·成都

图书在版编目(CIP)数据

供应链金融:理论、实务与前沿进展/田俊峰,
司艳红,王力编著.--成都:西南财经大学出版社,
2025.5. --ISBN 978-7-5504-6635-7

Ⅰ.F252.2

中国国家版本馆 CIP 数据核字第 2025H9Q076 号

供应链金融:理论、实务与前沿进展
GONGYINGLIAN JINRONG:LILUN,SHIWU YU QIANYAN JINZHAN

田俊峰 司艳红 王 力 编著

策划编辑:李 琼
责任编辑:李 琼
责任校对:廖术涵
封面设计:墨创文化
责任印制:朱曼丽

出版发行	西南财经大学出版社(四川省成都市光华村街 55 号)
网　　址	http://cbs.swufe.edu.cn
电子邮件	bookcj@swufe.edu.cn
邮政编码	610074
电　　话	028-87353785
照　　排	四川胜翔数码印务设计有限公司
印　　刷	成都金龙印务有限责任公司
成品尺寸	185 mm×260 mm
印　　张	12.875
字　　数	240 千字
版　　次	2025 年 5 月第 1 版
印　　次	2025 年 5 月第 1 次印刷
书　　号	ISBN 978-7-5504-6635-7
定　　价	38.00 元

前　言

供应链管理的思想自20世纪90年代产生以来，一直备受实务界和学术界的关注。供应链作为集物流、商流、信息流、资金流于一体的复杂系统，过去的焦点主要集中在物流和信息流相关领域。在世界正在经历百年未有之大变局的背景下，流动性成为全球范围内企业资金管理的热门话题。企业作为供应链中的成员，如何缓解资金紧张，盘活存量资产，完善资产负债关系，优化资本结构，以此提高运营绩效，保证战略目标顺利实现日益成为迫切需要解决的问题。供应链金融成为提高资产或资金管理效率的重要手段和载体。

近年来，国内出现了许多有关供应链金融的著作，大多数主要围绕概念解释、业务流程、风险控制、案例介绍等方面展开论述。同现有著作比较，本书在以下几方面具有特色，以及理论价值和实践指导意义。

第一，运营与金融交叉的视角。本书认为供应链金融的实质是解决供应链中资金流动性问题，改进企业经营中的流动资金管理，优化资本结构，提高运营绩效。生产、库存、采购、分销、质量管理等传统运营管理与公司金融或财务管理息息相关，彼此不能割裂。本书系统梳理了运营管理人员或部门需要了解的公司金融知识，以及公司金融从业人员或部门需要了解的运营管理知识，并以此作为供应链金融知识体系的理论基础。

第二，市场交易主体的再界定。本书对经典供应链理论的利益相关者进行了扩展，认为利益相关者既包括供应商、制造商、分销商、零售商等一般意义上的商品所有权主体，也包括金融机构、物流服务商、平台服务提供商等服务提供型主体。因此，本书将供应链金融的市场参与主体划分为目标企业、上游供应商、下游买方、出资方、风险承担者和专业服务提供商。其中目标企业是关键主体，供应链金融方案围绕目标企业来进行设计。这种基于利益相关者的角色划分，使供应链金融中各主体的诉求更加清晰，避免被纷繁复杂的业务流程和眼花缭乱的产品名称误导。

第三，模块化组合的内容安排。本书摒弃了传统上将案例作为附加阅读材料，或者简单进行一般性介绍的做法，而是独立成篇，按行业和风险类型进行分类编写，便于读者了解供应链金融在实务界典型企业中开展的全貌。此外，本书采用模块化结构，分为理论基础、实务案例和前沿进展三篇，理论与实践相结合，当前现状和未来趋势相结合，以满足不同层次读者的阅读需要。

本书由西南财经大学工商管理学院田俊峰教授牵头，联合司艳红博士、王力博士编著完成，博士生党娅茹、廖俊杰、徐双雨，以及硕士生邹蕙伊翎、刘利华参与了部分章节的编写工作，在此表示诚挚感谢。

本书得到了国家自然科学基金面上项目（项目编号：71972158）和西南财经大学中央高校教育教学改革专项规划教材项目的资助，同时也感谢西南财经大学出版社编辑人员的辛苦付出。

由于时间仓促、水平有限，书中难免出现疏漏之处，敬请读者批评指正。

田俊峰

西南财经大学温江校区诚正楼

2025 年 2 月

目　录

第三篇　前沿进展

3

第一篇　理论基础

第一章
运营与金融交叉的企业观

在企业经营中，运营与金融是很难分开考虑的。Sider 和 Olson（2018）的报告中有一个案例，位于美国得克萨斯州和新墨西哥州的二叠纪盆地的石油生产遇到了管道拥堵及材料和工人短缺的问题①。这些问题让投资者对能否在该地区获得收益产生了怀疑。为了解决这个问题，生产商从外面招聘工人和司机，订购运输车辆。工人食宿花费高昂且合格的卡车司机短缺，但是为了解决运输及生产问题，生产商不得不付出高昂的代价雇佣他们。那么在预测石油销售价格时，投资人就需要考虑石油的生产和运输是如何开展的，人工、开采及运输成本是多少等问题。

另一个运营与金融相互作用的例子是，中国企业创新创业调查（ESIEC）② 课题组对新冠疫情下中小微企业的生存状态开展了专项调研。调研结果显示，参与调研的 2 344 家企业中，有 86.9% 的企业在疫情期间面临成本压力，有 69.7% 的企业存在现金流短缺问题。企业主要采用向商业银行贷款和降低运营成本的方式应对现金流短缺。较少企业考虑互联网金融贷款和与贷款方协商的方式。其中，有近 15% 的企业计划裁员以降低人工成本。

根据美国 Secured Finance Network（SFN）③ 的统计，2021 年，美国基于资产的贷款总额高达 2 819.3 亿美元，未偿还的基于资产的贷款总额为 1 023.3 亿美元。这

3

---

①　SIDER A，OLSON B. Is the U. S. shale boom hitting a bottleneck? ［J］. The Wall Street Journal（U. S. Edition），2018.

②　疫情冲击下的中小微民营企业：困境、对策与希望 ［EB/OL］.（2020 - 02 - 19）［2024 - 10 - 01］. https://www.thepaper.cn/newsDetail_forward_6042453.

③　SFN. Annual asset-based leuding survey highlights 2021 ［EB/OL］.［2024 - 10 - 01］. https://www.sfnet.com/docs/default-source/data-files-and-research-documents/sfnet-annual-abl-non-participant-report-2021.pdf?sfvrsn=74c1d188_2.

些资产包括应收账款、存货和装备等。金融机构面对企业基于资产的融资申请时，需要评估企业获得的资产的价值。除了利用资产进行融资之外，供应商和买方之间还通过签订协议，允许买方延迟支付从供应商处收到的订单，形成应付账款这种典型的贸易信贷融资形式。沃尔玛每年的应付账款总额超 500 亿美元，远大于短期借款和长期借款的总和①。此外，Fisman（2001）②、Fisman 和 Love（2003）③ 的研究表明，贸易信贷融资的可用性会影响运营指标和公司的发展。因此，了解贸易信贷融资的运作方式有利于评估企业的经营业绩及决定企业的经营计划。企业基于资产的贷款受到资产价值的影响，而贸易信贷则受到企业运营决策（实际经营支付额）的影响。

由此可见，企业运营和公司金融是息息相关且相互作用的。然而，传统运营管理的知识体系通常只考虑了企业的生产、库存、采购、分销、质量管理等基础业务活动，忽略了金融活动的影响。公司金融或财务管理通常关注企业资本管理，例如如何融资和应该投资何种项目等问题，在分析这些与金融相关的问题时，通常假设运营决策是外生的。本章首先阐述了运营与金融独立视角下的企业观，其次梳理了运营管理人员或部门需要了解的公司金融知识和公司金融从业人员或部门需要了解的运营管理知识。

第一节　运营与金融独立视角下的企业观

企业的经营环境是动态随机的，要面对不同的顾客和上游企业，以及虎视眈眈的竞争对手。对此，企业必须做出许多恰当的决策：产能、生产、定价、物流、产品设计、产品种类、质量和合同等。图 1-1 展示了企业决策及内外部环境。

---

① BABICH V, KOUVELIS P. Introduction to the special issue on research at the interface of finance, operations, and risk management（IFORM）: recent contributions and future directions [J]. Manufacturing & Service Operations Management, 2018, 20（1）: 1-18.

② FISMAN R. Trade credit and productive efficiency in developing countries [J]. World development, 2001, 29（2）: 311-321.

③ FISMAN R, LOVE I. Trade credit, financial intermediary development, and industry growth [J]. The Journal of Finance, 2003, 58（1）: 353-374.

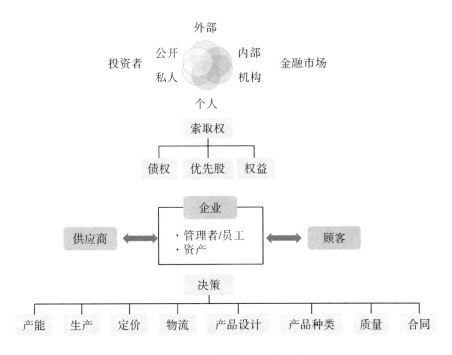

图 1-1 企业决策及内外部环境

显然，企业经营决策的目标是实现利益相关者的利益最大化。那么相关利益者是谁呢？利益相关者或投资者可以是个人也可以是机构组织。企业签署的债权或股权合同规定了企业的价值分配和控制权。债权或股权既可以由私人持有，也可以在交易市场交易。这个交易市场就是金融市场。明确企业经营中的所有细节以及熟知政府政策和法律法规等需要花费相当多的时间和精力。因此，在课程学习和学科知识体系中，通常会简化实践操作，目的在于聚焦某一部分的学习与研究。然而，在这个过程中，会存在过度简化和低估实际操作的复杂性等问题（Babich and Birge, 2021）。

一、金融从业者视角下的企业

金融研究者或企业的资金管理部门眼中的企业如图 1-2 所示。他们关注的是投资者的行为、金融市场的动态、企业的债务和股权以及企业的价值分配（Babich and Birge, 2021）。例如，企业应该投资什么样的长期资产？企业如何融资？企业价值最大化的资本结构是什么？企业应该如何管理短期经营活动产生的现金流？公司金融的经典知识体系并不关注产生现金的经营活动是如何实施的、涉及哪些组织机构以及供应链运营的细节（Ross et al., 2016），从而可能会出现企业运营需要的资金链断裂导致破产的情况。

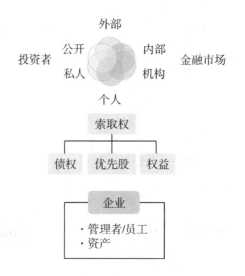

图1-2 金融视角下的企业构成及内外部环境

二、运营从业者视角下的企业

运营管理的研究者或企业经营活动的管理者则聚焦于企业与供应商和顾客之间的互动、企业的经营决策（包括产能、生产、定价、物流、产品设计、产品种类、质量、合同等）以及应对竞争的策略（见图1-3）。通常情况下，他们没有考虑用于研发、生产和运输等的资金来源，经营活动产生的现金流的时间价值，以及运营决策目标（利润最大化或成本最小化）与资金管理目标（股票价值最大化）之间的差异，可能会出现实现利润最大化但损害了股东财富的情况。

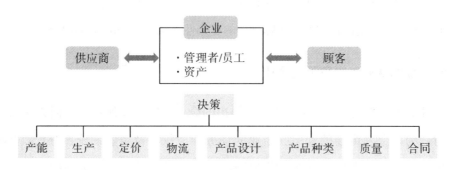

图1-3 运营视角下的企业构成及决策

从不同视角看待企业，关注重点不同本身并没有错，但是在实践中，忽视两者的紧密联系可能会造成很大的损失。因此，运营与金融交叉的企业观，更加符合实践需求，同时也拓宽了运营和金融的研究内容。

第二节　面向运营管理的基本金融知识

本节给出了运营管理的研究者或企业经营活动的管理者需要了解的几个重要的公司金融的知识。公司金融关注公司的"内部"，从资产负债表出发研究公司应该如何投资、如何融资、管理者与所有者之间的代理问题，以及债权和股权的分配是如何影响企业行为和价值的。公司的生产经营需要资金支持，换句话说，公司筹集资金的方式会影响生产经营决策。因此，运营管理的研究者或企业经营活动的管理者应该关注企业是如何筹集所需的资本支出的，即企业的资本结构。

下面将给出资本结构的相关概念和知识，并说明相关理论对运营管理研究的作用。

一、有效市场假说

有效资本市场是指资产的现有市场价格能够充分反映所有相关的可用信息的资本市场。在一个有效的资本市场上，资产的市场价格将根据新的信息立即进行调整。有效市场假说对投资者和公司具有许多含义（Ross et al.，2016）：

（1）因为信息立刻反映在价格里，所以投资者只能期望获得正常的收益。发布刚刚了解到的信息，并不能给投资者带来好处，因为在投资者交易前，价格就已经被调整了（见图1-4和图1-5）。

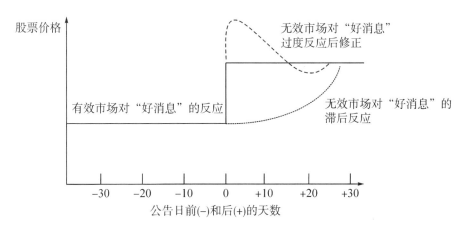

图1-4　有效和无效市场价格对"好消息"的反应

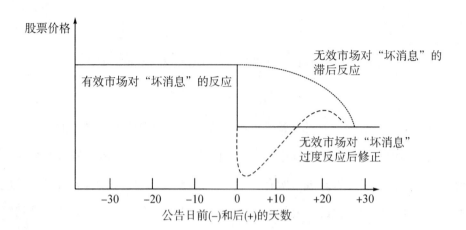

图 1-5　有效和无效市场价格对"坏消息"的反应

（2）公司可以预期它们出售证券的公允价值。公允价值表示公司发行证券所收到的价格是现值。也就是说，投资者和公司都无法得到超额收益。因此，有效资本市场不存在愚弄投资者而获得有价值的融资机会的情况。

资本市场的信息可分为三类：历史价格信息、公开可得的信息以及所有和股票有关的信息，三类信息的包含关系见图 1-6。

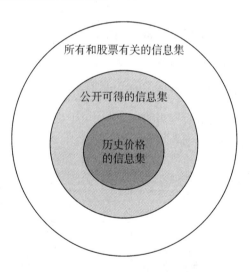

图 1-6　三类不同信息集之间的关系

根据市场所获得的信息的种类，将有效资本市场分为以下三种：

（1）弱型有效资本市场。资本市场上证券的价格充分地反映了过去的价格交易信息，包括股票的成交价、成交量和融资金额等。并由此得出一个推论：如果弱型有效资本市场假说成立，则股票价格的技术分析失去作用。

（2）半强型有效资本市场。资本市场上证券的价格反映了所有公开可得的信息，包括证券的历史价格信息、公布的公司财务报表和公司年度报告中的信息。

（3）强型有效资本市场。资本市场上证券的价格反映了所有的信息，包括公开的和内幕的。并且在强型有效资本市场中，投资者不可能获得超额利润。

三种有效资本市场的关系如图1-7所示。

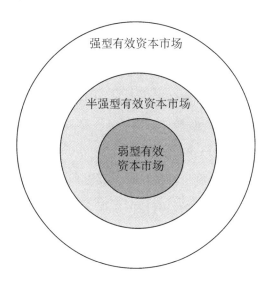

图 1-7　三种有效资本市场之间的关系

如果资本市场是有效的，那么公司的管理者是无法通过愚弄投资者创造价值的，因为投资者可以马上从调整后的价格中察觉出企业的经营状况。那么在什么条件下，资本市场是有效的呢？安德鲁·施莱弗（Andrei Shleifer）认为满足以下三个条件的资本市场就是有效的。

条件1：所有的投资者都是理性的。当市场发布新信息时，所有投资者都会以理性的方式调整自己对股价的估计。价格会立即变化到新的公允价格。

条件2：独立的理性偏差。资本市场有效性并不要求理性的个人。有些投资者是过度自信的，有些投资者则相对保守，只要这类非理性投资者的非理性偏差相互抵消，就可以实现资本市场有效。

条件3：套利。资本市场有两种人——非理性的业余投资者和理性的专业投资者。业余投资者受情感左右，非理性偏差可能无法完全相互抵消。假设专业投资者系统且冷静地进行交易。那么，如果专业投资者的套利行为可以控制业余投资者的投机行为，市场依然是有效的。

有效市场假说对于公司金融的意义有以下四点（Ross et al., 2016）：

（1）在实际公司经营中，公司的会计政策具有很大的灵活性，管理者可以利用这种灵活性在财务报告中报告可能获得的最大利润。然而，投资者从这样的报告中看到的股票价格可能远高于真实价值，也就是说，这样的报告让投资者错以为获得了更多的价值。但是，如果满足"年度财务报告应该提供充分的信息使得财务分析师能测算不同会计方法下的盈利"和"市场必须是半强型有效的"两个条件，会计政策的选择应该不会影响股票价格。

（2）公司的管理者考虑发行权益资本的时间的决策称为"时机选择决策"。如果管理者认为公司的股票价格被高估了，那么他们很可能决定立即发行股票。例如，如果公司股票的真实价值为5元/股，但当前的金融市场对公司股票价格的估计为6元/股，那么公司立刻发行股票就会获得更多的资金，从而为现有的股东创造价值。反之，如果管理者认为公司股票价格被低估，那么他们暂时不会发行股票，而是等待股票价格上升。但是，如果市场是有效的，那么证券总是能得到正确的定价。市场有效性意味着股票按照其真实价值出售。管理者是无法通过发行股票为投资者创造价值的。

（3）个人投资者和一些金融机构通常是金融市场的主要投机者，同时实业公司也会进行投机。例如，如果公司管理者认为未来利率很可能会上升，那么他们就有动机向银行借款。但是在有效的金融市场中，管理者不用过多地预测利率和金融市场的走势，因为在有效市场中，资产是不会被低估或高估的。

（4）市场有效性意味着股票价格反映了所有可获得的信息，公司的决策应该尽可能地利用这些信息。例如，公司在发布并购公告后，公司的股票价格大幅下跌，这是市场发出的一个信号——并不看好此次并购。还可以将这些信息用于管理层的雇佣和薪酬问题上。假设公司聘请了一个新的管理者，如果这个管理者进入公司后，公司股票价格走势喜人，那么就可以考虑给管理者一些奖励。

二、资本结构问题和馅饼理论

公司金融关注公司经营应该投入多少资本和如何筹集资本，公司的投资者关注自己拥有的总价值是多少。公司金融将公司的价值定义为负债和所有者权益之和。设负债的市场价值为 B，所有者权益的市场价值为 S，那么公司价值 V 可表示为

$$V = B + S \tag{1-1}$$

资本结构（capital structure）指公司短期和长期负债与所有者权益的比例。公司的融资决策就是资本结构的选择问题。为了研究这一问题，Ross等（2016）提出了"馅饼模型"，如图1-8所示。这里的"馅饼"为公司的筹资权之和，即负债和所有者权益，管理者应该选择他们认为的可使公司价值最大的资本结构，因为该资本结构对公司的股东最有利。并且在有效市场假说下，公司价值的最大化即为股东利益的最大化。

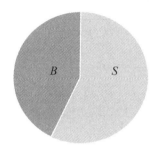

图1-8　资本结构的馅饼模型

三、资本结构：MM 理论

基于莫迪利尼亚（Modilgliani）和米勒（Miller）提出的MM理论，许多金融经济学家在研究公司资本结构时，假设运营决策都是外生的。MM理论指出，公司无法通过改变其资本结构来改变其流通在外的证券的总价值。也就是说，在不同的资本结构下，公司的总价值总是相同的。当然，这个结论并不是在任何情况下都成立的。使MM理论成立的假设条件是：①市场参与者对公司的收益和风险具有相同的预期；②公司具有相同的经营风险；③永续现金流；④资本市场是完美的，即完全竞争市场，公司和投资者拥有相同的借贷利率，获得相同的所有相关信息，并且没有交易成本和税收。

1. MM命题Ⅰ（无税）：公司价值不受财务杠杆的影响

MM命题Ⅰ（无税）指出在完美的金融市场中，杠杆公司的价值V_L等于无杠杆公司的价值V_U，即$V_L = V_U$。假设一个无杠杆公司和一个有杠杆公司投资同样的项目，项目需要的资金为I。在$t = 0$时刻，有杠杆公司贷款l用于投资该项目，剩余资金用公司权益补足；无杠杆公司则直接采用权益投资。在$t = 1$时刻，项目收益为R，有杠杆公司需要偿还的贷款本息和为r。两个公司的价值和现金流如表1-1所示。

假设在$t = 0$时刻，$V_U > V_L$。则投资者会进行这样的活动：卖空无杠杆公司的权益，用产生的现金 V_U 从有杠杆公司处购买价值 V_E 的权益和价值 V_D 的负债。具体来说，在 $t=1$ 时刻，现金流为 $\min(R, r) + (R-r)^+ - R = 0$。在 $t=0$ 时刻，现金流为 $V_U - I - (V_L - I) > 0$。这表示投资者不存在风险，在 $t=0$ 时刻有严格为正的收益，即套利。而在有效资本市场是不存在套利的，所以 $V_U > V_L$ 不成立。类似地，$V_U < V_L$ 也不成立，因此，$V_U = V_L$。

表 1-1　两个公司的价值和现金流

| | $t=0$ | | $t=1$ |
	价值	现金流	现金流
负债	V_D	$-l$	$\min(R, r)$
权益	V_E	$-(I-l)$	$(R-r)^+$
杠杆企业	$V_L = V_D + V_E$	$-I$	R
无杠杆企业	V_U	$-I$	R

基于 MM 命题Ⅰ（无税），运营管理研究中通常假设资金决策是外生的。因为在完美资本市场，公司的资本结构与公司的运营决策无关。接着，我们将用经典的报童模型说明 MM 命题Ⅰ（无税）在运营研究中的应用。

首先，考虑一个无杠杆的报童类企业在 $t=0$ 时刻从上游供应商处订购了数量为 q 的产品，采购成本函数为 $c(q)$。在 $t=1$ 时刻，企业获得收益，收益函数为 $R(\xi, q)$。无杠杆报童类企业的决策及现金流如表 1-2 所示。企业的目标是股权价值最大化，根据表 1-2 列出的现金流，企业股权价值最大化的模型如下：

$$\max_q \mathbb{E}[R(\xi, q)] - c(q) \tag{1-2a}$$
$$\text{s.t. } q \in Q \tag{1-2b}$$

其中，ξ 表示随机需求，Q 为 q 的可行集。

表 1-2　无杠杆报童类企业的决策及现金流

| | $t=0$ | | $t=1$ |
	订购决策	现金流	现金流
报童类企业	q	$-c(q)$	$R(\xi, q)$

其次，考虑一个营运资金为 a 的报童类企业，在 $t=0$ 时刻，从完美资本市场贷款 l 用来订购数量为 q 的产品。在 $t=1$ 时刻获得收益并偿还贷款本息和 r，同样收益

函数为 $R(\xi, q)$。该企业的决策及现金流如表 1-3 所示。企业在 $t = 0$ 时刻的现金流 $c(q)$ 需要满足 $c(q) \leqslant a + l$。完美资本市场的投资者只有在 $l \leqslant \mathbb{E}[\min(R(\xi, q), r)]$ 时才会参与投资。该企业股权价值最大化的模型如下：

$$\max_q \mathbb{E}[R(\xi, q) - \min(R(\xi, q), r)] - c(q) + l \tag{1-3a}$$

$$\text{s. t. } q \in Q \tag{1-3b}$$

$$0 \leqslant l \leqslant E[\min(R(\xi, q), r)] \tag{1-3c}$$

$$c(q) \leqslant a + l \tag{1-3d}$$

表 1-3 有杠杆报童类企业的决策及现金流

	$t = 0$		$t = 1$
	订购决策	现金流	现金流
报童类企业	q	$-c(q)$	$R(\xi, q)$
	(l, r)	$+l$	$-\min(R(\xi, q), r)$
债权人	融资	$-l$	$\min(R(\xi, q), r)$

如果考虑外部融资的企业的营运资金 $c(q) \leqslant a$，那么它将不贷款，即 $l = 0$，$r = 0$。此时企业价值最大化问题简化为无杠杆企业价值最大化问题。如果营运资金 $c(q) > a$，则有 $c(q) = a + l$ 和 $l = \mathbb{E}[\min(R(\xi, q), r)]$。那么企业价值为 $\mathbb{E}[R(\xi, q) - \min(R(\xi, q), r)] - c(q) + l = \mathbb{E}[R(\xi, q)] - l - c(q) + l = \mathbb{E}[R(\xi, q)] - c(q)$。也就是说，企业价值与无杠杆企业价值相等。因此，在完美资本市场，企业的运营决策和财务决策不相关。

MM 命题 I （无税）的一个推论：杠杆公司的加权平均资本成本不受财务杠杆的影响。即

$$r_{\text{WACC}} = r_0 \tag{1-4}$$

其中，$r_{\text{WACC}} = \dfrac{B}{B+S} \times r_B + \dfrac{S}{B+S} \times r_S$ 为杠杆公司的加权平均资本成本，r_0 为无杠杆公司的收益率（资本成本），r_B 为利率（债务成本），r_S 为公司的权益收益率（权益成本），B 为债务价值，S 为权益价值。

2. MM 命题 II （无税）：财务杠杆增加了股东的风险和收益率

MM 命题 II （无税）的推导：$r_{\text{WACC}} = \dfrac{B}{B+S} \times r_B + \dfrac{S}{B+S} \times r_S$，设 $r_{\text{WACC}} = r_0$，即可

得 $\dfrac{B}{B+S} \times r_B + \dfrac{S}{B+S} \times r_S = r_0$。然后在该式两边同乘 $\dfrac{B+S}{S}$，可得 $\dfrac{B}{S} \times r_B + r_S = \dfrac{B+S}{S} r_0$，整理该式得 $r_S = r_0 + \dfrac{B}{S}(r_0 - r_B)$。一般情况下，$r_0 > r_B$，因此企业的权益收益率随着财务杠杆 $\dfrac{B}{S}$ 的增大而增大。

前文指出，在无税的情况下，公司价值与财务杠杆无关。接下来，我们将说明存在公司税时，公司价值与财务杠杆正相关。存在公司税时，杠杆公司的纳税收益是偿还债务利息后的收益。因此杠杆公司的税后收益大于无杠杆公司的税后收益。

3. MM 命题 I（有税）：公司价值随财务杠杆的增大而增加

MM 命题 I（有税）的推导：无杠杆公司每年的税后现金流量是 $\text{EBIT} \times (1 - T_C)$，其中 EBIT 是息前税前收益，$T_C$ 是公司税率。无杠杆公司的价值是税后现金流的现值，即

$$V_U = \frac{\text{EBIT} \times (1 - T_C)}{r_0} \qquad (1\text{-}5)$$

其中，V_U 表示无杠杆公司的现值，r_0 为无杠杆公司的资本成本。

杠杆公司每年的税后现金流是 $\text{EBIT} - T_C \times (\text{EBIT} - B \times r_B) = \text{EBIT} \times (1 - T_C) + T_C B r_B$。那么杠杆公司的价值为

$$V_L = \frac{\text{EBIT} \times (1 - T_C)}{r_0} + \frac{T_C B r_B}{r_B} \qquad (1\text{-}6a)$$

$$= V_U + T_C B \qquad (1\text{-}6b)$$

其中，V_L 表示杠杆公司的现值，B 为债务价值，r_B 为利率（债务成本）。式（1-6a）说明财务杠杆通过税盾 $T_C B r_B$ 增加了公司的价值。若 $V_U = 500$，$T_C = 35\%$，$B = 200$，图 1-9 显示了财务杠杆对公司价值的影响。

我们将存在公司税时的结论总结如下：公司的价值与其债务正相关；支付最少税金的资本结构价值最大；杠杆公司的税负小于无杠杆公司的税负，因此，管理者应选择高财务杠杆。

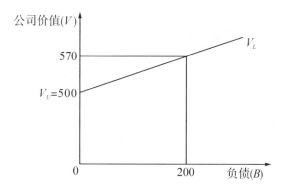

图 1-9 财务杠杆对公司价值的影响（Ross et al., 2017）

4. MM 命题Ⅱ（有税）

考虑公司税的期望收益率为

$$r_s = r_0 + \frac{B}{S} \times (1 - T_C) \times (r_0 - r_B) \tag{1-7}$$

与无税时相同，当 $r_0 > r_B$，公司的期望收益率 r_s 随着财务杠杆的增大而增大。

MM 命题Ⅱ（有税）的推导：根据 MM 命题Ⅰ（有税），$V_L = V_U + T_C B$，又因为 $V_L = S + B$，所以有 $V_U = S + B \times (1 - T_C)$。资产负债表两侧的现金流量一定是相等的，所以 $S r_s + B r_B = V_U r_0 + T_C B r_B$，将 $V_U = S + B \times (1 - T_C)$ 代入上式可得 $S r_s + B r_B = [S + B \times (1 - T_C)] r_0 + T_C B r_B$。然后两边同除以 S，整理可得 $r_s = r_0 + \frac{B}{S} \times (1 - T_C) \times (r_0 - r_B)$。

最后，我们给出含公司税的加权平均资本成本：

$$r_{\text{WACC}} = \frac{B}{B + S} \times r_B \times (1 - T_C) + \frac{S}{B + S} \times r_S \tag{1-8}$$

图 1-10 显示了含公司税时财务杠杆对债务和权益资本成本的影响。

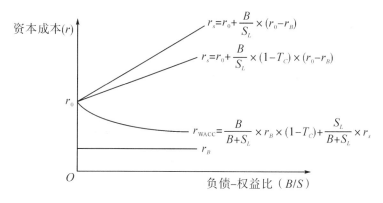

图 1-10 财务杠杆对债务和权益资本成本的影响（含公司税）

四、资本结构：债务运用的限制

由于偿还债务本金和利息是公司必须执行的法律义务，所以债务在带来税收上的好处的同时，也给公司经营带来了压力。如果公司无法履行偿还债务本息和的义务，那么就有可能遇到财务困境，最坏的结果是宣布破产。鉴于此，公司在决定负债-权益比时，应该权衡债务的税收优惠和财务困境成本。由于已经在上一小节中介绍了债务的税收优惠，下面将讨论财务困境成本。

1. 财务困境成本的种类

（1）直接成本。

直接成本指公司破产清算或重组的法律成本和管理成本。例如雷曼兄弟公司在破产清算时花费了 22 亿美元用于聘用美国和欧洲地区的律师、会计、顾问和审查人员。实际上，直接成本占公司价值的比例很小。据研究估计，财务困境的直接成本大概是公司市值的 3%。

（2）间接成本。

①经营受影响。公司破产时面临失去客户导致销售和利润下降以及高信贷成本等构成的间接成本。间接成本是很难估算的，因为无法辨别间接成本究竟是由什么引起的。

②代理成本。当公司拥有债务时，股东和债权人之间存在利益冲突。在公司出现财务困境时，利益冲突扩大，公司的代理成本增大。对此，股东会采取使自身利益较大而不顾及公司价值的策略，如投资高风险的项目、项目投资不足或清偿股利（减少给债权人的剩余）。

只有公司破产或处于财务困境时，股东才会采取利己的策略。如果债权人是理性的，他能预测到存在财务困境时，股东很可能选择减少债券价值的投资策略，那么债权人会要求提高债券利率以保护自己的利益。而这些高利率其实是由股东支付的，因此股东利己策略的成本是自己承担的。并且当股东采取利己策略时，公司难以获得债务或者债务成本高昂，公司的财务杠杆较低。

2. 静态权衡理论

在上一小节中我们了解了在完美资本市场，资本结构对公司价值的影响。然而，现实的资本市场是不完美的。资本市场不完美的其中两个原因就是利息税盾和财务困境成本。利息税盾会增加杠杆公司的价值，而财务困境成本会降低杠杆公司的价值。权衡理论（Trade-off Theory）指出公司的资本结构决策可被视为是在债务的税收优惠和财务困境成本之间的权衡。

延续前几节的例子，在 $t = 0$ 时刻，无杠杆公司的价值为 V_U，杠杆公司的价值为 $V_L = V_D + V_E$。在 $t = 1$ 时刻，两个公司的收益均为 R。当杠杆公司的收益不足以偿还债务时，公司宣布破产清算或重组并发生财务困境成本 BC。表1-4给出了两个公司在 $t = 0$ 和 $t = 1$ 时期的价值。T_C 为公司税，$1_{|\text{bankruptcy}|}$ 表示破产状态。

表 1-4 杠杆公司和无杠杆公司的价值

时间	无杠杆公司价值	杠杆公司价值
$t = 0$	V_U	$V_L = V_D + V_E$
$t = 1$	$(1 - T_C)R$	$(1 - T_C)R + T_C I - BC1_{|\text{bankruptcy}|}$

杠杆公司在 $t = 0$ 时刻的价值是 $V_L = V_U + \text{Value}[T_C I] - \text{Value}[BC1_{|\text{bankruptcy}|}]$，其中 $\text{Value}[\cdot]$ 表示贴现价值。根据静态权衡理论，即利息税盾与财务困境成本的权衡，杠杆公司在 $t = 0$ 时刻的价值可能大于，也可能小于无杠杆公司的价值。静态权衡理论的一个预测是，对于每一个公司都存在一个使公司价值最大化的最优权益-负债率（财务杠杆）或者说是最优债务额，即当额外债务额导致财务困境成本现值的增加等于税盾现值的增加时的债务水平。如图 1-11 所示，公司债务超过 B^* 时，财务困境成本的增长快于税盾，也就是说，公司价值因财务杠杆的进一步增加而减少。这违背了考虑公司税的 MM 理论，说明 MM 理论并没有很好地预见现实世界中的资本市场和公司行为。然而，由于无法准确估计财务困境成本，所以无法准确计算公司的最优债务水平。实际上，公司也无法实现最优权益-负债率。

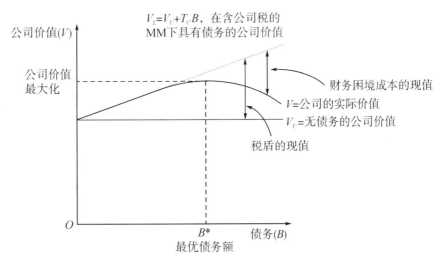

图 1-11 最优债务额和公司价值的关系

3. 静态权衡理论在运营管理研究中的应用

企业的运营决策和所面临的各种不确定性可能使企业破产，例如不确定性需求。财务困境成本就有可能取决于运营决策。比如，如果其他企业也可以使用该企业采购的原材料，那么原材料存货可能比产成品存货更容易被回收。接下来，我们将考虑两种报童结构的模型——债务融资外生和债务融资内生来说明财务困境成本对企业运营决策的影响。在这里，我们关注财务困境成本，因此不失一般性地假设税率 $T_C = 0$。

（1）债务融资外生。

在 $t = 0$ 时刻，报童类企业贷款 l 用来订购数量为 q 的产品，采购成本函数为 $c(q)$。在 $t = 1$ 时刻获得收益并偿还贷款本息和 r，收益函数为 $R(\xi, q)$。如果在 $t = 1$ 时刻，报童类企业的收益 $R(\xi, q) < r$，则发生违约，违约费为 φ。报童类企业和债权人在 $t = 0$ 时刻和 $t = 1$ 时刻的决策及现金流如表 1-5 所示。

表 1-5　报童类企业和债权人的决策及现金流

	$t = 0$		$t = 1$
	订购决策	现金流	现金流
报童类企业	q	$-c(q)$	$R(\xi, q)$
		$+ l$	$- \min(R(\xi, q), r) - \varphi 1_{|R(\xi, q) < r|}$
债权人	融资	$- l$	$\min(R(\xi, q), r)$

债务融资外生的报童类企业价值最大化问题为

$$\max_q \mathbb{E}[R(\xi, q) - \min(R(\xi, q), r)] - \varphi \mathbb{E}[1_{|R(\xi, q) < r|}] - c(q) + l \quad (1\text{-}9a)$$

$$\text{s.t. } q \in Q \quad (1\text{-}9b)$$

$$c(q) \leq a + l \quad (1\text{-}9c)$$

式（1-9a）经过变换得到

$$\mathbb{E}[R(\xi, q) - \min(R(\xi, q), r)] - \varphi \mathbb{E}[1_{|R(\xi, q) < r|}] - c(q) + l$$

$$= \mathbb{E}[R(\xi, q)] - c(q) - r + l + \mathbb{E}[(r - R(\xi, q) - \varphi) 1_{|R(\xi, q) < r|}] \quad (1\text{-}10)$$

其中，$\mathbb{E}[R(\xi, q)] - c(q)$ 为无杠杆报童类企业股权价值；因为债务融资外生，所以 $- r + l$ 为固定项，不影响企业运营决策；$\mathbb{E}[(r - R(\xi, q) - \varphi) 1_{|R(\xi, q) < r|}]$ 为破产状态下的现金流。$r - R(\xi, q)$ 为增大了企业价值的有限责任部分，这是因为当 $r > R(\xi, q)$ 时，有限责任企业只能偿还 $R(\xi, q)$。

（2）债务融资内生。

在债务融资外生的报童模型的基础上，假设营运资金为 a 的报童类企业在 $t=0$ 时刻有一笔投资 $I \geqslant 0$，在 $t=1$ 时刻产生的支付是 $S(I)$。此外，报童类企业还有一笔其他业务收入 Z。此时，报童类企业的破产条件变为 $R(\xi, q)+I+Z<r$，并且违约费用取决于运营决策和企业面临的不确定性，即违约费用 $\varphi=\varphi(\xi, q)$。另一个与债务融资外生模型不同的设定是违约费用由投资者支付而不是报童类企业支付。那么投资者参与投资的约束条件为 $l \leqslant \mathbb{E}\left[\min (R(\xi, q), r)\right]-\varphi(\xi, q) \mathbb{E}\left[1_{|R(\xi, q)+I+Z<r|}\right]$。报童类企业和投资者在 $t=0$ 时刻和 $t=1$ 时刻的决策及现金流如表1-6所示。

表1-6　报童类企业和投资者的决策及现金流

	$t=0$		$t=1$
	订购决策	现金流	现金流
报童类企业	q	$-c(q)$	$R(\xi, q)$
	(l, r)	$+l$	$-\min (R(\xi, q), r)$
	I	$-I$	$+S(I)+Z$
投资者	融资	$-l$	$\min (R(\xi, q), r)-\varphi(\xi, q) 1_{|R(\xi, q)+I+Z<r|}$

债务融资内生的报童类企业价值最大化问题为

$$\max_{q} \mathbb{E}\left[R(\xi, q)-\min (R(\xi, q), r)+S(I)+z\right]-c(q)+l-I \quad (1\text{-}11\text{a})$$

$$\text{s. t. } q \in Q, I \geqslant 0 \quad (1\text{-}11\text{b})$$

$$c(q)+I \leqslant a+l \quad (1\text{-}11\text{c})$$

$$l \leqslant \mathbb{E}\left[\min (R(\xi, q), r)\right]-\varphi(\xi, q) \mathbb{E}\left[1_{|R(\xi, q)+I+Z<r|}\right] \quad (1\text{-}11\text{d})$$

假设投资 I 是一个鞅，也就是说 $S(I)=I$。如果 $c(q)+I \leqslant a$，则最优解就是无资金约束的报童最优解，满足 $l=r=0$，$I=0$。如果 $c(q)+I>a$，则有 $l=c(q)+I-a$。在完全资本市场，投资者参与投资的约束条件具有约束力，即 $l = \mathbb{E}\left[\min (R(\xi, q), r)\right]-\varphi(\xi, q) \mathbb{E}\left[1_{|R(\xi, q)+I+Z<r|}\right]$，那么该问题可简化为

$$\max_{q} \mathbb{E}\left[R(\xi, q)\right]-c(q)-\mathbb{E}\left[\varphi(\xi, q) 1_{|R(\xi, q)+I+Z<r|}\right] \quad (1\text{-}12\text{a})$$

$$\text{s. t. } q \in Q, I \geqslant 0 \quad (1\text{-}12\text{b})$$

$$c(q)+I-a=\mathbb{E}\left[\min (R(\xi, q), r)\right]-\varphi(\xi, q) \mathbb{E}\left[1_{|R(\xi, q)+I+Z-r<0|}\right]$$

$$(1\text{-}12\text{c})$$

当债务融资内生时，尽管违约费用由投资者支付，但由于存在违约定价均衡条件，这些费用出现在报童类企业的目标函数中。因此，报童类企业是否对这些费用承担有限责任就不再是一个问题。投资者在初始债务谈判时将违约费用的期望值转移给报童类企业。对于报童类企业来说，最优投资 $I^* > 0$，这是因为这种投资有助于分散破产风险敞口。

4. 信号

根据前面的分析可知，过多的负债将增加公司的预期财务困境成本。然而，预期盈利较多的公司可能会选择较高的负债水平，从而通过额外的利息来降低较多的盈利所带来的税负；反之，预期盈利较少的公司可能会选择较低的负债水平。换句话说，理性的公司在预计其盈利增加时，会提高其负债水平（Ross et al., 2016）。因此投资者将负债视为公司价值的一种信号。他们认为预期收益低的公司将选择低的负债水平，相应地，预期收益高的公司将选择高的负债水平。但是，在现实中，投资者是无法确定公司管理者发出的信号是否为真的。那么就有这样一个问题：公司的管理者是否会愚弄投资者？

假设某个公司的负债水平是最优的，即负债所带来的边际税盾收益和边际财务困境成本刚好相等。如果公司管理者想要提高目前的股价，这可能是因为他知道公司的许多股东最近想卖掉他们的股票。该管理者可能就会通过增加负债，使投资者认为公司价值比实际价值更大。如果这种策略成功的话，投资者将会推动股价上涨。但是这些额外的负债也会带来成本。最终在某个时点，市场将知道公司的实际价值。此时，股票价格将下跌至之前未增加负债时的股票价格之下，因为现在公司的负债水平高于最优水平。假设股东计划马上出售其一半的股票，保留另一半，负债水平的上升尽管对马上要出手的股票有利，但最终会伤害后面的那一部分股票。

根据上述可知，即使利用负债水平的短暂上升获得了较多收益，但这种虚假的信号最终会被市场察觉，市场将会对此进行调节，使得仍被股东持有的股票价格下跌，从而抵消由虚假信号引起的股票价格上升。所以，无论管理者释放的信号是真的还是假的，价值较高的公司都会比价值较低的公司发行更多的债务。因此，投资者依然会将公司的负债水平视为公司价值的信号。

5. 优序融资理论

在有效市场假说对公司金融的意义部分，我们提到公司的管理者考虑发行权益资本的时间的决策称为"时机选择决策"。管理者认为，只有在股票被高估的情况下，才应该发行股票。所以如果确信公司的股票被低估，那么管理者将会发行债券。因此，投资者将公司发行股票或债券视为公司价值的信号。

时机选择的前提为不对称信息。管理者比一般投资者更了解其公司价值及发展前景。投资者认为投资需谨慎，但他不可能了解到管理者知道的全部信息。因此投资者会根据管理者的行为对公司前景进行预测。如果公司发行股票，股票价格很可能被高估了。而如果公司发行债券，说明股票价格很可能被低估了。当同时考虑管理者和投资者时，融资是两者之间的博弈。如果公司发行权益，投资者将推断出股票被高估了。在股票价格下跌至足以抵消权益发行的利益之前，他们将不予购买。因此，最终的结果是实际上没有公司会发行权益。

纯粹的优序融资理论观点是：假定财务经理只考虑时机的选择，基本上所有公司都应该发行债务。事实上，管理者在发行债务时必须考虑税收利益、财务困境成本和代理成本。公司也许会发行债务直至某一程度，超过这一程度后，公司可能会发行权益。

优序融资理论法则如下：

法则1：优先采用内部融资；

法则2：其次考虑先发行稳健的证券。

优先采用内部融资是因为内部融资不存在信息不对称且不存在任何成本。其次考虑发行低风险债券，没有低风险债券了，再考虑发行较高风险债券。最后再考虑发行股票。

从优序融资理论得出以下与权衡理论不一致的推论：

①不存在财务杠杆的目标值。

因为根据优序融资理论，公司首先应该从留存收益中筹措项目资金。额外的资金需求由发行债务获取。最次的选择是发行权益。因此公司的财务杠杆水平是根据项目的资金需求随机决定的。而根据权衡理论，公司需要权衡债务带来的税收利益和财务困境成本。当债务的边际利益等于债务的边际成本时，产生最优的财务杠杆。

②盈利的公司使用较少的债务。

盈利的公司内部产生较多的可用资金，这意味着外部融资的需求较少。因为公司的外部融资首先考虑债务，所以盈利的公司使用较少的债务。而根据权衡理论，盈利公司有较多的现金流，从而有较强的负债能力。这些公司会充分利用其高负债能力来获取税盾收益和财务杠杆的其他好处。

③公司偏好财务松弛。

因为公司知道应该首先用内部资金为有利可图的项目融资，所以会提前积累可用资金。而权衡理论指出过多的自由现金可能诱使管理者出现挥霍行为。

第三节 面向公司金融的基本运营知识

本节给出公司金融的研究者或企业部门需要了解的基本运营管理知识。运营管理指通过平衡稀缺资源、协调激励冲突、权衡收入支出和制订战略计划等方式监管生产和库存并控制产品质量，从而确保市场上的产品和服务满足顾客需求，同时提高企业运营效率。

运营管理的研究指出需求并不只是通过定价来匹配供给。虽然长期来看，需求和供给是平衡的，但在流动市场或短期交易中，供给与需求是不相等的。例如实践中存在库存剩余、库存短缺、顾客服务等待时间和顾客认为产品不符合要求等现象。另外，运营过程中外部环境的不确定性、操作流程不标准、产品质量不标准等也会导致供需失衡。解决供需失衡的运营管理方法主要包括：①管理产能和库存；②管理供需和运营过程中的不确定性；③管理定价；④管理顾客等待（Babich and Birge，2021）。接下来，本节将从这四个方面描述运营管理的基本知识与方法。

一、管理产能和库存

1. 确定性订购模型

运营管理的从业人员都应该熟知的一个经典的库存管理模型就是经济订货批量（economic order quantity，EOQ）模型。1913 年，Harris 提出了 EOQ 模型（Erlenkotter，1990）[①]，距今已经有 110 多年了。经典的 EOQ 模型假设：①单位时间的需求量 D 是确定且已知的；②一次的订货量没有上下限；③订货成本无价格折扣，每次订购需支付固定的订货成本 S，单位订货成本为 C，单位产品的单位时间库存持有成本为 h；④不允许缺货；⑤订货的提前期已知且为常量。经典的 EOQ 模型不考虑退货，因此没有退货成本。管理者的目标是确定使每单位时间总成本最小的订购量

---

① ERLENKOTTER D. Ford Whitman Harris and the economic order quantity model [J]. Operations Research, 1990, 38 (6): 937–946.

Q，这相当于在两个订单之间的周期内最小化成本。那么单位时间内的订货次数为 $\dfrac{D}{Q}$。在一个周期内，管理者订购成本为 $CQ + \dfrac{D}{Q}S$，平均库存为 $\dfrac{Q}{2}$，因此单位时间库存持有成本为持有 $\dfrac{Q}{2}$ 单位库存的成本，即 $\dfrac{Q}{2}h$。单位时间的总成本 TC 为

$$\mathrm{TC} = CD + \frac{D}{Q}S + \frac{Q}{2}h \tag{1-13}$$

单位时间的总成本函数关于 Q 的一阶导数为

$$\frac{\mathrm{dTC}(Q)}{\mathrm{d}Q} = -\frac{D}{Q^2}S + \frac{h}{2} \tag{1-14}$$

令一阶导数为 0 得到最优订货批量 $Q^* = \sqrt{\dfrac{2DS}{h}}$，该式又称经济订货批量（economic order quantity，EOQ）。从该式可以看出，经济订货批量是固定的订货成本和持有成本之间的权衡。另外，由于经济订货批量公式具有平方根的特点，这就抑制了成本的影响。例如，如果固定的订货成本变为原来的 4 倍，经济订货批量只增大一倍；而如果持有成本变为原来的 4 倍，经济订货批量则减少为原来的一半。由此可以看出，面对波动的采购成本和持有成本，采用 EOQ 模型计算的订货量是相对稳定的。

对于公司财务管理人员来说，库存水平是公司经营状况的一项指标。根据 EOQ 模型，如果公司库存水平较高，虽然需要支付较高的持有成本，但是市场需求大，公司有盈利。如果公司库存水平较低，则可能该产品的需求较小，公司在该产品上难以获得高收入。

2. 不确定性订购模型

不幸的是现实中需求是不确定的，EOQ 模型仅适用于确定的需求。对于需求不确定但价格波动小的产品，我们用报童模型解决产品的订购问题。经典的报童模型为报童在 $t = 0$ 时刻以单位成本 c 订购数量为 q 的报纸。然后，报童将在 $t = 1$ 时刻以单位价格 p 销售报纸。在报童确定订购量时，报纸的需求是未知的。在模型中，报纸需求是一个随机变量 ξ，需求的累计分布函数为 $F(\cdot)$，概率密度函数为 $f(\cdot)$。销售期末未出售产品的持有成本或处理成本为 h，销售期的缺货成本为 s。假设报童是风险中性的，那么报童的预期期末利润为

$$\pi(q) = \mathbb{E}\big[p\min(\xi, q) - h(q - \xi)^+ - s(\xi - q)^+ - cq \big] \tag{1-15}$$

其中，$\mathbb{E}$是不确定性需求ξ的期望。利用$\min(\xi, q) = \xi - (\xi - q)^+$，$cq = c(q - \xi) + c\xi$和$(q - \xi) = (q - \xi)^+ - (\xi - q)^+$，直接代数变换表达式（1-15）为

$$\pi(q) = (p - c) \, \mathbb{E}(\xi) - \mathbb{E}\big[(h + c) (q - \xi)^+ + (p + s - c)(\xi - q)^+\big] \quad (1\text{-}16)$$

报童的预期期末利润关于订购量q的一阶导数为

$$\frac{\mathrm{d}\pi(q)}{\mathrm{d}q} = (p + s - c) \, q - (p + s + h) \int_0^q F(\xi) \, \mathrm{d}\xi \quad (1\text{-}17)$$

令一阶导数为0得到最优订购量$q^* = F^{-1}\left(\dfrac{p + s - c}{p + s + h}\right)$。

报童模型是一个灵活的数学框架，适用于多种情况。公司资本结构的选择适用报童模型（Babich and Birge，2021）。

假设企业不能频繁地发债融资，必须选择期末到期面值为D的债务水平，该债务利息为iD。假设利息支付的税盾为$T_C iD$，公司资产未覆盖的每单位债务的财务困境成本为s。假设企业在期末的资产为随机变量$V(T)$。那么企业选择使企业预期利润最大化的D，即

$$\max_D \mathbb{E}\big[V(T) - s\big[D(1 + i) - V(T)\big]^+ + T_C iD\big] \quad (1\text{-}18)$$

二、管理供需和运营过程中的不确定性

企业可以通过库存风险共担、准时制生产方式（just-in-time，JIT）、供应链契约、柔性生产和质量管理等方式减少运营过程中的不确定性。

1. 库存风险共担

在现实中，许多产成品的原材料是同一种。企业可以将多种产品的原材料需求进行汇总并储存在同一仓库，减少原材料需求的波动性。企业可以利用集中库存来维持较低的库存水平，同时还可以避免缺货。相比将同种原材料用于同一类型的产品，将同种原材料用于不同类型的产品更有可能抵消原材料需求的波动，因为不同类型的产品需求不同。因此，企业可以通过集中库存实现库存风险共担。

当然，集中库存也是存在成本的。由于原材料都集中在同一个仓库，那么就可能出现仓库距离工厂较远的情况，运输成本较高。另外，库存都集中在一起，如果发生自然灾害或火灾等，企业将损失所有原材料。

从公司金融的角度来看，集中库存在不损害客户利益的情况下，减少了企业的实际持有库存，从而降低了企业营运成本。但是，存货常作为抵押品用来获取融资，

集中库存降低了存货作为特定地点抵押品的价值（Babich and Birge，2021）。

2. 准时制生产方式

大规模生产在 20 世纪初出现，在很大程度上降低了生产成本。例如，美国福特汽车公司的创始人亨利·福特在 1913 年将可互换的部件与细分劳动力和材料流动相结合，创造了移动装配线以提高生产力并降低产品价格①。生产技术进步允许生产多样化的产品以满足消费者的特异性需求。然而，大规模生产的标准流程化特点无法实现多样化生产，因此出现了如何有效地组织多品种小批量生产的问题。

针对以上问题，1953 年，日本丰田公司的副总裁大野耐一综合了单件生产和批量生产的特点与优点，创造了一种在多品种小批量混合生产条件下高质量且低消耗的生产方式，即准时制生产方式。准时制生产方式的实质是保持物流与信息流在生产过程中同步，保证物料及时到达使用地点，不保留库存，从而降低成本并提高生产效率。

从公司金融的角度来看，大规模生产需要聚集大量的生产资源，产生了较高的固定成本。但是这些固定成本可以被大规模生产较低的可变成本抵消。因此，采用大规模生产方式的企业经营杠杆较高，公司财务管理人员在决定资本结构的时候需要考虑这种经营杠杆。

准时制生产方式的目标与公司财务管理人员的期待是一致的。他们不希望企业保留较高的库存，占用较大营运成本。准时制生产方式恰好是通过管理生产过程中的物流与信息流以实现最低库存（零库存）和最小的生产准备时间（零准备时间）。这种方式极大地减少了库存成本。然而，如果库存的抵押价值高于持有库存产生的成本，那么企业可能会选择持有较多的库存，将部分库存作为抵押品以获取融资。

3. 供应链契约

在讨论供应链契约之前，先来回顾运营管理课程中的一个经典的游戏——啤酒游戏。学生可以分别扮演制造商、供应商和零售商三种角色。上游企业收到下游企业的订单，根据订单信息决定生产量和采购量。每个角色自主决定从上游订购多少产品以及向下游出售多少货物。在游戏结束时，当不同角色的决策信息被统计出来时，可以发现一个有趣的现象，基本上所有的上游企业会在下游企业的订单基础上

①　FORD H. Assembly Line［EB/OL］.［2024-02-19］. https://www.thehenryford.org/collections-and-research/digital-collections/expert-sets/7139/#:~:text=Henry%20Ford%20combined%20interchangeable%20parts%20with%20subdivided%20labor，every%20type%20to%20adopt%20Ford%E2%80%99s%20innovative%20production%20metho.

增大生产量或采购量，并且越往上，需求变化越大。这种供应链中的企业无法实现有效的信息共享产生信息扭曲，导致需求信息出现越来越大的波动的效应称为"牛鞭效应"。为了缓解需求信息波动的影响，企业需要支付更多的资金用于管理库存，从而导致企业现金流的波动增大。公司财务人员在管理营运资金的时候决不能忽视"牛鞭效应"产生的现金流波动。

Lee 等（1997）确定了产生"牛鞭效应"的四个原因：需求信息的处理、产能配给、订单批量化和价格变化①。零售商根据已实现的需求预测未来需求。当单个供应商面对多个零售商时就出现了产能配给。此时，供应商根据收到的订购按比例分配产能，零售商为了获得足够多的产品，就会增大订购需求，导致订购信息扭曲。零售商采用订单批量化的目的在于降低固定采购成本。产品价格的变化影响零售商的订购决策，价格低的时候，零售商订货多；反之，订货少。产生"牛鞭效应"的本质原因是供应链中多个决策者的激励机制不一致以及信息不对称。经济学中的合同理论对激励问题和信息不对称问题有更深的见解。供应链管理人员试图采用供应链契约来解决激励机制不一致和信息不对称问题。本书在此只对批发价契约、回购契约和收益共享契约进行简单的说明，详细了解可参见 Cachon（2003）关于供应链契约的回顾②。

（1）批发价契约（wholesale-price contract）。

供应链中上游企业向下游企业提供批发价契约，下游企业根据市场需求和批发价确定采购数量，二者签订契约，上游企业再根据确定的数量生产或订购产品。较早有关批发价契约的研究考虑的是需求确定的情况。后来，学者们逐渐关注需求不确定情况下的供应链契约，采用报童模型描述零售商的订购问题，研究零售商和供应商之间的批发价契约。零售商的预期期末利润为

$$\pi_r(q) = \mathbb{E}[p\min(\xi, q) - h(q-\xi)^+ - s(\xi-q)^+ - wq] \qquad (1-19)$$

其中，w 为单位批发价格，其余参数与前文保持一致。供应商的预期期末利润为

$$\pi_s(q) = wq - cq \qquad (1-20)$$

理论上可以证明简单批发价契约无法实现供应链协调。

① LEE H L, PADMANABHAN V, WHANG S. Information distortion in a supply chain: the bullwhip effect [J]. Management Science, 1997, 43 (4): 546-558.
② CACHON G P. Supply chain coordination with contracts [M] // DE KOK A G, GRAVES S C. Supply chain management: design, coordination and operation, 2003.

（2）回购契约（buyback contract）。

回购契约是指上游企业以确定价格向下游企业销售产品，在产品销售季末，未销售的产品将会被上游企业以小于售价的回购价买回的契约。在回购契约下，零售商的预期期末利润为

$$\pi_r(q) = \mathbb{E}\big[p\min(\xi, q) - h(q-\xi)^+ - s(\xi-q)^+ - (wq - b(q-\xi)^+) \big]$$

(1-21)

其中，b 为回购价格。供应商的预期期末利润为

$$\pi_s(q) = \mathbb{E}\big[wq - b(q-\xi)^+ - cq \big]$$

(1-22)

（3）收益共享契约（revenue-sharing contract）。

收益共享契约规定上游供应企业（供应商或制造商）以一个较低一点的市场价格向其下游采购企业（分销商或零售商）提供产品，但在销售期末，下游企业要与上游企业分享一定比例的收益。Cachon 和 Lariviere（2005）研究了一般供应链模式下由零售商的订购数量和定价决定的收益共享契约[①]。研究模型有两种——供应商向传统的价格固定的报童销售和向需要定价的报童销售，研究表明收益共享契约可以协调只有一个零售商的供应链，并且可以任意分配供应链利润。另外，该研究进一步比较了收益共享契约和其他供应链契约，认为采用传统报童模型研究时，其等价于回购契约，而在定价报童模型下等价于价格折扣契约。在收益共享契约下，供应商的预期期末利润为

$$\pi_s(q) = \mathbb{E}\big[\varphi(p\min(\xi, q) - h(q-\xi)^+ - s(\xi-q)^+ - cq) - cq \big] \quad (1-23)$$

其中，φ 为供应商获得的供应链利润的比例。零售商的预期期末利润为

$$\pi_r(q) = \mathbb{E}\big[p\min(\xi, q) - h(q-\xi)^+ - s(\xi-q)^+ -$$
$$\varphi(p\min(\xi, q) - h(q-\xi)^+ - s(\xi-q)^+) - (1-\varphi)cq \big] \quad (1-24)$$

公司金融将公司的价值定义为负债和所有者权益之和。公司的负债与所有者权益实际是用财务合同体现的。供应链中的企业根据契约内容进行沟通。那么企业的财务合同和运营契约之间是如何相互影响的呢？可用以下的例子进行说明，回购契约将需求的风险从零售商转移至制造商。如果制造商的杠杆率很高，那么股东可能很乐意签订具有高风险的回购契约，但是债权人不愿意这么做。由此可见，企业的运营契约会影响企业的资本结构（Babich and Bigre，2021）。

① CACHON G P, LARIVIERE M A. Supply chain coordination with revenue-sharing contracts: strengths and limitations [J]. Management Science, 2005, 51 (1): 30-44.

4. 柔性生产

随着经济的发展，市场的差异化需求对生产线的要求越来越高。工业化时代注重效率，采用大规模生产降低成本提高效率，但这种方式很难满足个性化需求。为了满足市场的差异化需求，企业考虑采用柔性生产。Jordan 和 Graves（1995）的研究表明，有限柔性（每个工厂只生产少数产品）可以以较低的成本获得几乎与完全柔性（每个工厂都生产所有产品）相同的收益[①]。虽然 Jordan 和 Graves（1995）的结论是根据工厂生产柔性提出的，但仍具有一般性（Babich and Birge, 2021）。例如，其见解适用于工厂地址的选择和外汇市场上的交易决策。如果工厂位于不同的货币区，那么企业在选址及确定生产时必须考虑外汇风险。在一个完全柔性的系统中，企业需要对所有可能的货币组合进行对冲。

5. 质量管理

质量管理是指通过监管企业的生产经营活动，确保其所提供的产品和服务是满足标准和客户需求的，同时保证提供这些产品和服务的手段符合要求且一致。有效的质量管理不仅可以最大限度地降低生产成本并提高客户满意度，还能降低企业的运营风险，例如降低退货率等。当然，质量管理是需要付出代价的。因此，企业需要考虑是否有必要改进质量管理，权衡质量管理需要支付的成本和有效的质量管理带来的价值。

三、管理定价

在经典运营管理的知识体系中，假设产品定价是外生的，企业是价格的接受者，这在完全竞争市场或对于议价能力较弱的小企业存在合理性。显然，在现实中，价格随着需求和供给的变化而波动是非常常见的。例如，在新冠疫情期间，人们对相关药品的需求量激增。一些药店为了获取较高利润，提高了药物价格。另一个典型的例子是亚马逊通过动态定价刺激需求，以获取更多的利润。亚马逊通过分析用户的购买特征、竞争对手的价格、利润率和库存等，可以做到大约每 10 分钟就对一些产品进行价格调整，以吸引消费者购买。

直观地，定价与企业的资金水平是相关的。例如，Ravid（1987）研究发现，为了偿还负债，公司可能会降低价格，在短期内获得更多现金流以避免破产。当企业

---

① JORDAN W C, GRAVES S C. Principles on the benefits of manufacturing process flexibility [J]. Management Science, 1995, 41 (4): 577-594.

进行价格竞争时，财务杠杆会发挥作用[1]。Chevalier（1995a）[2] 和 Chevalier（1995b）[3] 发现，在杂货店中，价格随着杠杆率的提高而提高。此外，价格和库存水平可能预示着公司的前景，并影响股票估值（Babich and Birge，2021）。

四、管理顾客等待

当产品或服务需求超过了服务机构的容量时，就会出现排队等待的现象。由于服务对象到达时间和服务时长的随机性，排队现象几乎不可避免。为了减少排队现象，一些管理者考虑增加服务设备。增加服务设备需要投入资金同时承担设备空闲浪费的风险。然而，如果不增加设备，较长的排队时间可能会带来不良的消费体验。因此，管理人员必须对这两种情况进行权衡。管理人员需要分析当前的排队系统是否得当，对这种排队过程的研究理论称为排队论。

排队论起源于 1909 年丹麦数学家 A. K. Erlang 对电话通信排队接线的研究。当时 A. K. Erlang 的研究称为话务理论。20 世纪 50 年代初，对生灭过程的研究和马尔科夫链理论的研究为排队论奠定了理论基础。70 年代以来，人们开始研究排队网络和复杂的排队问题。

构建排队模型需要考虑以下六个基础属性：

（1）顾客到达的分布情况，顾客到达时间可以是确定的，也可以是随机的。例如，火车、航班和轮船的到达时间是确定的；一般到商店购物的顾客、到医院就诊的病人和到银行办理业务的客户等的到达时间是随机的。我们需要用一个概率模型模拟随机到达时间间隔，常见的概率分布为指数分布。

（2）排队规则。最常见的排队规则为先到先服务，也有后到先服务的情况。例如搭乘电梯的顾客通常是后进先出，还有后到的货物由于堆放在外围，一般会先被取走。除此之外，还有随机服务规则，例如乘客随机选择乘坐的出租车；有优先权的服务规则，例如医院会优先诊疗病情严重的患者。

（3）系统容量。系统容量指的是服务系统/机构能够容纳的总数量。例如医院

---

① RAVID S A. Safety first, bankruptcy, and the pricing and investment decisions of the firm [J]. Economic Inquiry, 1987, 25（4）：695-706.

② CHEVALIER G A. Do LBO supermarkets charge more? An empirical analysis of the effects of LBOs on supermarket pricing [J]. The Journal of Finance, 1995, 50（4）：1095-1112.

③ CHEVALIER G A. Capital structure and product-market competition：empirical evidence from the supermarket industry [J]. The American Economic Review, 1995, 85（5）：815-835.

最多能住多少病人。

（4）服务台的服务情况。不同服务台的服务时间也需要用一个概率模型表示。例如维修车间对每台等待维修的机器的处理时间分布等。

（5）服务台数量。一个或多个，服务台数量反映了处理队列的能力。

（6）服务流程数。例如某产品生产线有 12 道工序。

求解排队问题的目的在于研究排队系统的运行效率，估计服务质量，确定系统参数的最优值，以决定系统结构是否合理以及是否需要采取改进措施。运筹学相关教材详细介绍了排队模型及其求解过程，本书不在此赘述。排队论不仅在运营管理中应用广泛，也应用于金融和经济方面。例如，Lamba（2010）将排队论应用于描述不完整金融市场中的价格肥尾效应[①]。

思考题

1. 假定市场是半强型有效的。基于以下考虑的交易是否可以获得超额收益？

（1）关于某只股票的盈利历史信息。

（2）关于合并某一公司的谣言。

（3）昨天关于某个新产品上市的公告。

2. 某公司没有负债，有 80 000 股普通股，每股市价 42 元，目前股权成本 12%，税率 34%，该公司考虑改变目前的资本结构，计划按面值发行 100 万元债券，票面利率为 8%，每年付一次息，债券募集资金将全部用来回购股票，在新的资本结构下，股权价值是多少？

3. 某电子产品售卖店对 A 品牌电脑的月需求是 300 台，每次订货的固定订货费和运输费用为 5 000 元，每台电脑的成本为 3 000 元，零售商的库存持有成本为每台 600 元。请计算零售商每次补货应当订购多少台电脑，每年应订货几次以及每年的总成本是多少。

4. 尝试写出营运资金为 a 的报童类企业采用债务融资时的订购模型，并求解最优订购量。

————————

① LAMBA H. A queueing theory description of fat-tailed price returns in imperfect financial markets [J]. The European Physical Journal B, 2010, 77 (2): 297-304.

5. 考虑供应商与零售商之间的互动为 Stackelberg 博弈，尝试求解本章第三节第二部分提到的批发价契约的均衡结果，并说明为什么批发价契约无法实现供应链协调。

6. 运营管理需要考虑的金融因素是什么？

7. 财务管理需要考虑的运营因素是什么？

第二章
供应链金融的内涵

第一节　理解供应链管理

一、供应链利益相关方的再界定

经典教科书认为，供应链是一个由供应商、制造商、分销商、零售商和消费者组成的网链式系统，围绕核心企业，通过对商流、物流、资金流、信息流的控制，覆盖从产品（或服务）设计、原材料采购、制造、包装到交付给最终用户的全过程（见图 2-1）。

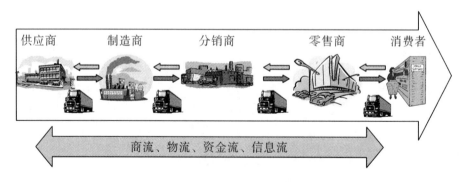

图 2-1　经典的供应链结构

为了更好地理解供应链金融的内涵，有必要对供应链的利益相关方进行再界定。

1. 商品所有权主体

商品所有权主体即一般意义上的供应商、制造商、分销商、零售商，属于商品形态和货币形态实现转换的买卖交易主体，通过使商品所有权发生转移，以及销售价格与购买成本之间的差价来实现盈利。

2. 服务提供型主体

服务提供型主体主要包括金融机构、物流服务商、平台服务提供商等，是帮助商品从卖方到买方顺利实现交付的主体，通过收取一定的服务费来获取报酬，如佣金、利息等。

3. 核心企业

供应链成员企业能力有大有小，核心企业是指有主导权和话语权的主体，不是专指生产制造企业，本质上供应链中的任何企业都有可能成为未来的核心企业，而且核心企业不一定只有唯一的一家。

二、与供应链相关的流

供应链是一个合作伙伴网络。这些伙伴提供原材料、制造产品然后通过单个或多个分销渠道分配给最终客户。沿着这条链，有四种平行的流：商流、物流、资金流和信息流。

1. 商流

商流包括买卖交易活动及商情信息活动，是将货币形态转化为商品形态，以及商品形态转化为货币形态的过程。随着买卖关系的发生，商品所有权发生转移。

2. 物流

物流指产品在供应链中的供应商和买家之间的移动。在过去的几十年中，产品从生产到交付给终端消费者的处理过程取得了显著进步。将物流与资金流和信息流匹配，可以进一步提升效率。

3. 资金流

供应链中的资金流包括开立发票、信用记录和付款。在一个典型的供应链中资金流包括大量市场参与者之间的发票开立和付款。

4. 信息流

同产品与支付相关的信息也流经供应链，包括采购订单（POs）、库存文档、确认函、发票等记录的相关信息。这些信息由产品与服务的流动以及资金交易引起。目前，信息流和资金流经常被分开处理。然而，现在新兴的支付解决方案能够提供详细的交易信息，比如收到货款的日期和时间，接收的订单数量和订单号。自动化系统可以极大地提高效率，并构建一个更紧密的集成供应链。

这四种流并存，其中信息流和资金流（资金供应链）支持和巩固产品在卖方和买家之间的移动（实物供应链）。传统上，组织关注于提高实物供应链的效率。然而，资金供应链仍然是碎片化的、复杂的，并没有与实物供应链整合。通常，货物的移动与资金不同步，并且有不同的利益相关方参与其中。

第二节　洞悉供应链的融资需求

从融资的角度，供应链的任何环节都会存在解决方案。之所以会出现融资需求，是因为供应链中的四流往往不同步，尤其是物流与资金流不同步。依靠发达的信息技术比如区块链技术，很容易识别货物的位置状态，自动识别技术会自动记录数据并自动传输，交易结算中相应的信息记录也很容易同步，但是物流与资金流很难做到同步。本质上是因为现在流行赊销贸易，即货物先到后付款。这是当今商品贸易的一个非常重要的特征，不像一手交钱一手交货的交易方式。前期投入的资金已经转移到货物上去了，企业需要后续的资金来维持再生产或扩大生产，从而导致资金紧张。

维持企业的正常运转关键在于资金流。比如一个生产型企业的单阶段生产周期，首先是接受订单，订单表明了下游的需求，企业按照订单采购所需要的原材料。如果企业的上游很强势，就会要求预付款，预付款有可能会超过企业的自有资金，如果接到的订单很大，又不想损失大单，企业就会考虑进行融资。

原材料采购进来后导入生产阶段，就会形成半成品、成品，前期投入的资金就会转换成库存，形成资金占用。如果需要从上游采购其他原材料从而导致资金紧张，那么企业为了不中断生产，可以用新的成品、半成品进行存货质押融资。因为前期向上游只付了预付款，接下来企业需要同上游供应商结清货款，此时的资金需求又会增加，达到峰值，这是企业最危险的时期，没有足够资金支撑的企业可能破产。

渡过这一阶段后情况可能会有所缓和，因为产品生产出来了，可以向下游发货。完成产品所有权的转移以后，如果下游很强势，那么这个时候就会产生应收账款，这笔货款可能要一个月或者更长的时间才能结清。随着应收账款开始回款，企业的资金压力就会随之减小。在此期间，如果企业面临资金需求，可以使用该应收账款进行质押融资。

可以看到，整个供应链金融本质是一个多周期的问题。从单一周期来看，资金的流入和流出会产生净现金流量，当期会有结余资金。结余资金转化成下一期的自有资金。当下一次接到订单的时候，企业会根据自有资金来评估是否需要进行预付款融资。如果自有资金比较充足，那么可能就不需要进行预付款融资。当然这时需要比较从资本市场获得资金的成本和用自有资金做其他投资带来的收益哪个更高。当融资成本（贷款利率）比较低的时候，即使自有资金足够多，也可能采用外部融资以及预付款融资，因为可以用自有资金去进行其他收益更高的投资。

第三节　明确供应链金融的价值

如果问首席财务官、会计主管和信贷经理什么是供应链金融（supply chain finance，SCF），可能会得到无数的答案。同样，如果问一个贷款人、风险承担方或供应链金融服务提供商同样的问题，他们也会对这个话题有自己独特的见解（Hofmann and Belin，2011）。

对于一些利益相关方来说，供应链金融是指流动资金管理，而对另一些相关方，它仅仅是供应链企业间的现金流，要么是卖方和买方的支付形式，要么是金融产品形式。后者可以来自银行或非银行金融机构，也可以来自愿意以提前或延期付款形式提供借款的供应链商品交易主体。

一、缓解流动资金紧张

流动资金等于流动资产减流动负债。库存、应收账款、现金是流动资产最典型的三种形式；流动负债最典型的形式就是应付账款。上文提到的资金缺口实际上就是指流动资金缺口，流动资金是企业的血液。比如说，流动资产中的现金最重要的用途是支付员工工资和福利，当然还有需要现金支付的其他款项。一般意义上，企业存在三种典型的购买周期，如图 2-2 所示（Hofmann and Belin，2011）。

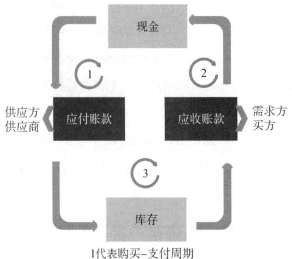

图 2-2　企业的购买周期

1. 购买-支付周期

购买-支付周期包括处理同供应商的互动、现金支出和应付账款周转天数（DPO）。一方面，购买企业希望与供应商建立长期的合作关系；另一方面，供应商往往被企业视为廉价的资金来源。当面临突发的需求波动和延期付款时，供应商采取的方法通常是在很长一段时间内要么增加单位价格，要么降低质量或服务水平。

2. 预测-履行完成周期

因为存货产生的额外费用和税务上的可能不利因素，持有流动性资产和原材料库存的成本可能会导致资产的回报率降低。一方面，更高的存货水平降低了公司的缺货风险，增加了交货的及时性；另一方面，过多的现金和库存没有最大化股东财富。公司必须进行现金/存货持有成本和缺货成本之间的比较权衡。

3. 订单-收款周期

发票对账延迟是产生额外流动资金的特殊原因，它延误了付款并提高了应收账款的周转天数（DSO）。当发票和运输单据之间存在不匹配时就不可避免地会出现延迟。这些检查一般需要时间，也会增加成本。在需求方存在一个典型的权衡，即是选择从更快的现金收款获益，还是选择增加成本引入和维护新的债务管理流程或改变客户的行为。

传统上往往会从单一的视角来看流动资金管理改善，无论是强势买方试图延迟付款/减少付款规模或强势卖方试图加快回款，还是推行准时制或其他方法降低库存，都经常使买/卖交易的一方同另一方成为竞争对手。因此，大多数公司只专注于自己的最佳利益，而不会从更高的视角理解并协调供应链合作伙伴，从而陷入了经典的囚徒困境，简单把负担从一方转移到另一方会显著增加供应链的风险，产生客户流失、业务连续性风险、供应商生存风险、材料成本上涨、低质量的支持服务和许多其他问题。供应链金融能够提供合作机会并为交易的每一方创造利益和缓解流动资金紧张。

二、完善资产负债结构

供应链中企业间的资产与负债交换关系如图 2-3 所示。

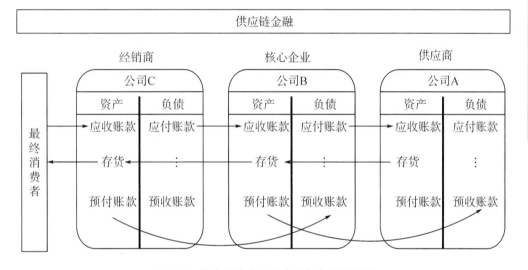

图 2-3　供应链中企业间资产与负债的交换

如果把供应链金融的价值仅理解为解决企业资金紧张问题，未免太局限，而应延伸至整个供应链的资产与负债的交换。从资产负债表出发研究企业应该如何投资、如何融资、分析管理者与所有者之间的代理问题，以及债权和股权的分配是如何影响企业行为和价值的。企业的生产经营需要资金支持，企业筹集资金的方式会影响生产经营决策，因此应该关注合理的企业资本结构。企业通过供应链金融进行融资追求的是通过资产负债的交换来实现有效的资金流管理，达到最优的财务指标，如负债权益比。

37

第四节 厘清供应链金融的边界

一、关于资金提供方

银行、信托机构、保险机构等金融机构是供应链金融中重要的资金提供方，但资金提供方不能简单理解为只有金融机构。实际上一些大型的制造企业也可以成为资金的提供方，供应链的其他直接利益相关方如物流企业或者供应链服务企业，也可以作为资金的提供方，并已成为目前供应链金融发展的一个趋势。这些直接利益相关方参与供应链金融有更大的优势，因为它们掌握着非常重要的物流。从某种意义上说，供应链金融一条很重要的信用增强途径就是物流给资金流做背书，如果没有掌控物流，仅仅做一个纯粹的资金提供方，面临的风险是很大的。

对于资金方来说，面临的关键问题是如何对持有的供应链金融资产进行风险管理，即如何评估资金需求方未来不确定现金流的价值，如何将持有的供应链金融资产转化为可交易资产，什么是公平的市场价格，如何基于金融市场进行风险对冲，如何使用金融市场的信息对风险进行定价。

二、供应链金融的核心

供应链金融的核心在于对流动资金和资金流的管理，但同样重要的是管理整个供应链的各种信息，如采购订单、发票及付款凭证等文档记录的信息。这些文档的大部分信息可用来管理供应链中更复杂的实物流。围绕信息流的实物供应链和资金供应链的管理是近年来供应链金融发展的重要特征。在这两种链中增加透明度和可视化已经成为供应链金融众多错综复杂主题的关键目标（Hofmann and Belin，2011）。

供应链金融的成功实施需要以下关键因素：

1. 无纸化和自动化

为了实现资金和信息的加快流转，无纸化和自动化是重要的前提条件。

2. 透明度

透明度指通过内部和外部资源的数据交换，能得到经过自动化处理的大量信息。

由于供应链金融能实现可视化共享，风险被降低，因此可以更好地预测以产生确定性，因为有更多的信息可供使用。

3. 可预测性

基于纸张的人工流程妨碍了预测，自动化通过让各种数据源易于访问使预测变得容易。

4. 控制

控制取决于透明度和可预测性，这对于识别异常行为和确认应对措施，以及制定符合内外部要求的标准是必要的。

5. 协同

协同的目标是建立以信任为基础的双赢局面，同时考虑端对端的供应链及其稳定的交易关系，并且鼓励采购、物流、财务和会计部门的协同。协同合作加强了公司同供应链内外部合作伙伴的联系。

总体来说，供应链金融为实现供应链的商流、物流、资金流和信息流四流融合，提供了有效的载体和实现途径。它不是单纯的运营层面的问题，也不是纯粹的金融领域的问题。供应链金融不仅应解决存货积压或赊销贸易导致的供应链成员企业（尤其是中小企业）可用资金紧张的问题，更应关注资金需求方的资本结构问题，以及资金供给方如何实现风险管理和资产交易的问题（田俊峰 等，2020）。

思考题

1. 如何理解供应链中的利益相关方以及四流？

2. 试举例说明企业经营过程中可能出现的融资需求。

3. 供应链金融的价值是如何体现的？

4. 供应链金融的资金提供方包括哪些？

5. 供应链金融的核心及其内涵是什么？

第三章
供应链金融的主导组织类型

在传统供应链金融中，银行作为业务主体，基于核心企业的信用资质对上下游中小企业进行授信。而在新形势下，物流企业和核心企业也可以成为金融业务的主体，其资金来源也突破银行这一单一通道的限制，进一步扩展到多元的非银行机构，甚至自己获取金融牌照来实现资金的融通。相应地，物流类企业和核心企业也可以获得原本属于金融机构的利差收入。

根据供应链金融活动的金融业务主体，可以将供应链金融划分为三种主导组织类型：银行等金融机构主导组织类型、物流类企业主导组织类型和核心企业主导组织类型（陈晓华和吴家富，2018；宋华，2021）。

第一节　银行等金融机构主导的供应链金融

银行等金融机构主导的供应链金融模式是指金融机构（银行）通过掌控产业链上下游的资金流、物流、信息流等来主导提供融资服务的一种金融模式。这种模式在供应金融发展的早期就登上历史舞台，至今仍在广泛的领域中发挥作用。

一、产生背景

在供应链金融业务中，流动性提供商扮演着极其重要的作用，如果没有流动性提供商提供的资金支持，供应链金融只能是空中楼阁。由于供应链中的企业自身融资成本一般高于银行，且具有优化其财务结构的动机，因此由金融机构尤其是银行提供资金在我国最为普遍。

二、银行等金融机构的特点

银行等金融机构的相关服务主要是围绕大型核心企业展开的，内容通常侧重于金融服务。银行等金融机构主要通过利差获取收益，借助其在资本体量、融资成本、网点布局、资金管控等方面的优势，为核心企业及其上下游提供多元化的融资服务，但在货物监管、风控、技术方面可能受到制约，导致其在为更广大的中小型企业提供服务方面受到限制。

三、银行等金融机构主导的供应链金融的运营模式

银行等金融机构主导的供应链金融的实施前提条件是：①能够撬动核心企业资源紧密合作，在实务中让其积极参与配合，具备让核心企业心甘情愿作为"配角"参与的资源实力；②具备在总体资源有限的条件下，选择合适的产业迈出供应链金融的第一步的能力；③能够依据客户资源去引导跨越，并由产业生态的合作伙伴基于具体产业和业务场景做适配性差异化组合。

这种类型的供应链金融的好处在于：银行等金融机构主导建设的供应链金融平台，可以从自身积累的某些核心企业客户所在的产业切入，借助核心企业的力量拓展其上下游客户和业务，通过一段时间的积累和打磨，在整个平台的技术和业务能力更加成熟之后再拓展接入更多的产业，从一开始的垂直产业平台发展到跨业平台。最开始是依据客户资源去引导跨越，发展到后续更成熟的阶段，更理想的状态是平台技术和金融微服务的标准化输出，由产业生态的合作伙伴基于具体产业和业务场景做适配性差异化组合。

银行等金融机构主导的供应链金融运作流程见图3-1。

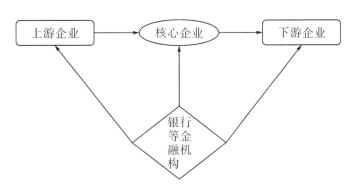

图3-1　银行等金融机构主导的供应链金融运作流程

41

第二节　物流类企业主导的供应链金融

物流类企业主要包括仓储服务型企业、运输服务型企业、综合服务型企业以及供应链服务型企业。物流类企业主导的供应链金融模式是指物流类企业凭借与供应链各参与主体的物流合作关系，利用自身掌握的客户、信息等优势，通过结算服务达到为核心企业延长账期、向上下游中小企业提供融资服务的一种金融模式。在这类供应链金融组织模式中，物流类企业的主要功能在于将金融业务与物流功能相结合。

一、产生背景

当今越来越多的上游生产企业都在实行多品种少量生产战略，与此同时，下游客户为了降低库存成本，贯彻即时销售的战略，要求多频度小批量配送。为了减少资金的占用，下游客户只有在需要产品的时候，才会产生送货请求和发起支付。下游客户的这种物流要求有时会给上游企业带来困难，因为虽然上游企业正在积极从事多品种少量生产，但过于分散的配送势必会增加其物流成本，加大资金回笼的风险。特别是对一些中小型厂商而言，一方面由于自身规模较小，不具备物流运营的业务能力，也没有相应的物流中心、物流设施；另一方面因为经验少、发展时间短等，也没有物流服务所必需的技术和诀窍，因此难以适应如今下游客户多频少量配送的要求。

这种上游生产企业与下游客户在商品配送上的分歧为物流类企业提供了生存和发展的空间。物流类企业一方面通过扩大物流服务范围和提高服务频次，利用自己在物流服务上的经验以及相对完善、先进的物流设施，通过快速的配送服务来联结上游客户与下游客户，消除它们在商品配送以及仓储管理等物流要求上的差异；另一方面利用自身的资金融通能力，为上下游企业提供资金，既帮助上游企业及时获得资金，又协助下游客户提高资金支付的效率。

二、物流类企业的特点

物流类企业具有较好的深度分销和服务能力，特别是实体物流运营能力，能够为客户提供较为全面的仓储、配送、通关、商检等各类服务，同时也能实现一定的增值服务，但是在与客户的协同商务和市场拓展的联动上相对较弱。

严格意义上讲，在这一过程中，物流类企业并没有过多地涉足商流，即与上下游的协同商务，也没有从事商品交易中的决策，只是发挥了商品交易的桥梁作用，大部分的交易条款由买卖双方事先确定。

三、物流类企业主导的供应链金融的运营模式

物流类企业主导的供应链金融的实施前提条件是：①能与产业链上下游企业形成紧密的合作关系，彼此信任；②具有良好的物流运营能力，或将优秀的第三方物流整合进来从事物流综合管理的能力；③具有良好的资金融通能力和风险承担能力。

这种类型的供应链金融好处在于：赊销方式在商品交易环节容易导致中小企业资金短缺，甚至资金链断裂，通过该种模式，可以为上游供应商提供"应收账款"融资服务，在一定程度上缓解其短期内资金流动性差的问题。

物流类企业主导的供应链金融运作流程如图 3-2 所示。

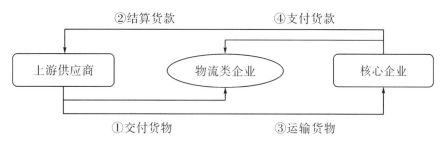

图 3-2　物流类企业主导的供应链金融运作流程

第三节　核心企业主导的供应链金融

核心企业主导的供应链金融模式是指在供应链产业生态中具有较大规模、良好信誉、完善制度、健全财务体系、广泛融资渠道的，对上下游中小企业具有一定支配管理作用的优质企业主导提供融资服务的一种金融模式。

一、产生背景

在复杂的贸易和经营环境下，供应链将分散在各地的相互关联的商业活动有机

地联系起来，包括原材料及零部件采购、产品制造、产品增值加工、仓储、运输、对零售商和消费者的配送以及各商业主体之间的信息交互等，其主要目的是降低成本、扩大收益。供应链中的各主要节点企业即供应商、制造商、贸易商、零售商之间存在着信息交互，而信息交互的效率及有效性决定着整个供应链的运作效率，进而影响着供应链中各企业的效益，也影响着客户对所需产品或服务的满意程度。

然而，随着日益复杂的供应、生产和销售网络的发展，供应链节点企业在供需信息获取、信息实时共享、供应链可视性及库存预警等方面面临着越来越多的障碍。这也使得供应链中的资金流动变得困难。在这种状况下，如果核心企业能够发挥协同商务平台和拓展市场的作用，有力地促进供应链成员之间的信息交换、互动和交易，同时通过融资行为加速供应链资金流动，缩短现金流量的周转周期，则不仅能降低供应链运营的成本，同时也使核心企业成为供应链商流运行中的重要一环。

二、核心企业的特点

核心企业具有较好的协同商务和市场拓展能力，能够将供应链中的交易各方有效地整合起来，高效地促进交易的实现和市场开拓。具体讲就是以该类企业为核心，联合其他贸易企业、生产企业、物流企业，进行信息共享、产品买卖、生产和配送等业务。这类企业往往通过信息和交易平台，一方面可以向生产企业或供应商下达委托订单，生产商通过准时制生产，或者进一步转包给二级供应商，以最短的时间和最高的效率完成委托生产，并向该企业反馈生产计划信息和生产进度信息；另一方面也可以向物流运营商下达服务委托，由第三方物流组织物流资源，合理安排物流运营和活动，同时反馈物流计划和信息，将产品及时高效地送交客户。

在这一过程中，核心企业充分发挥了商务协调者和平台提供者的作用，构建了供应链运行中的商流，同时也承担了产品销售和订单管理的风险和责任。但是核心企业自身并没有过多地涉足物流的具体运作和活动，即使涉及了一些物流活动，也不必从事全程的物流操作。从这一点看，它与物流类企业不同，更多地立足于协同商务过程开展供应链金融。

三、核心企业主导的供应链金融的运营模式

核心企业主导的供应链金融实施的前提条件是：①核心企业具有丰富的行业生

产经营的经验、知识和较强的能力，能掌握行业生产和贸易的规律，以及关键环节和要素；②具有功能强大的信息平台，能充分地协调供应链各方；③通过协同商务，掌握供应链上下游企业信用，能疏通由于信用信息不对称产生的交易和资金流动的阻碍；④具有良好的资金融通能力和风险管控能力。

在该类型的供应链金融中，核心企业需要全盘考虑，稳定上下游企业发展，与上下游中小企业建立和谐发展关系，且发展出被其依赖的能力。在此情形下，上下游中小企业能否得到长远发展也会直接影响到核心企业产品的供应与销售是否顺畅，甚至影响核心企业产品战略的成败。也就是说，此种模式下，核心企业与上下游中小企业之间共同发展却又互相制衡和依赖，核心企业依靠自身优势，发起建立供应链发展基金，为上下游中小企业的发展提供资金支持。

核心企业主导的供应链金融运作流程如图 3-3 所示。

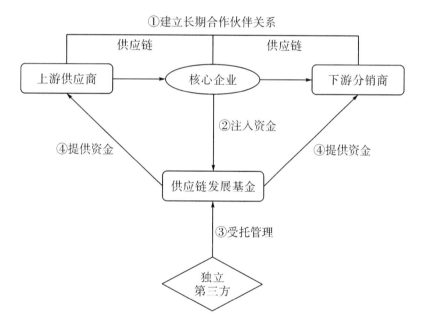

图 3-3　核心企业主导的供应链金融运作流程

思考题

1. 供应链金融主导的组织类型包括哪些？

2. 什么是银行等金融机构主导的供应链金融，其主体特点和运营模式是怎样的？

3. 什么是物流类企业主导的供应链金融，其主体特点和运营模式是怎样的？

4. 什么是核心企业主导的供应链金融，其主体特点和运营模式是怎样的？

5. 请举出商业实践中不同组织类型主导的供应链金融的具体例子。

第四章
供应链金融的业务模式

供应链金融业务模式指的是银行或非银行资金方不局限于单个企业，而是站在产业供应链的全局上，向供应链的成员企业（特别是中小企业）进行融资安排，并通过中小企业与核心企业的资信捆绑来提供融资支持的一种业务模式。

一般来说，中小企业的现金流缺口经常会发生在采购、生产和销售三个阶段。与之对应，供应链金融也可分三类，即采购阶段的预付款融资、生产阶段的库存融资，以及销售阶段的应收账款融资。除了从外部机构获得融资，对于没有太多融资渠道的企业来说，上下游企业交易中赊销产生的贸易信贷融资也是中小企业融资的重要选择。本章主要介绍这四种融资模式。

第一节 应收账款融资模式

应收账款融资指融资企业为了获取运营资金，将应收账款作为标的物进行转让或质押从而获得贷款的融资业务。应收账款融资模式主要应用于核心企业的上游融资。该模式主要发生在企业销售阶段，主要可分为保理融资、应收账款质押融资和订单融资三种模式。

一、保理融资

保理是指资金方（银行或商业保理公司等）与融资方签署保理合同，融资方将其在国内采用赊销方式完成商品销售或提供服务所形成的应收账款转让给资金方，并由资金方为其提供融资、应收账款管理、账款催收和坏账担保等综合性金融服务。

47

商业保理的品类繁多。按保理业务申请人或发起人的不同，可分为上游债权人发起的正向保理和下游债务人发起的反向保理。根据供应商是否会将应收账款转让行为通知买方，可分为明保理和暗保理。按有无第三方担保，可分为有担保的保理和无担保的保理。按有无追索权，可分为有追索权保理和无追索权保理。其中无追索权的保理又称买断保理，是指企业将其贸易型应收账款，通过无追索权形式出售给专业保理商或银行等金融机构，从而获得短期融资。有追索权的保理又称回购保理，是指应收账款到期收不回时，保理商保留对企业的追索权，出售应收账款的企业要承担相应的坏账损失。因此在会计处理上，有追索权保理视同以应收账款作担保的短期借款①。

1. 有追索权保理融资

有追索权保理是指无论应收账款因何原因不能收回，保理商都有权向融资方索回已付融资款项；明保理是指应收账款的转让通知卖方并经其确认。

有追索权保理业务的一般操作流程是：

①卖方先与买方签订一份购买协议，形成应收账款。

②卖方将通过赊销产生的应收账款出售给保理商。

③卖方和保理商应通知买方转让应收账款的情况。

④买方向双方进行询问确认。

⑤买方做出付款承诺，保理商向卖方发放贷款。

⑥等到应收账款到期日，买方偿还债款。

对于有追索权的保理，当买方无法偿还债款时，保理商可以向卖方追索，收回向其提供的融资。

保理的业务流程如图4-1所示。

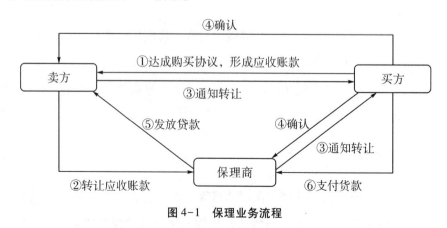

图4-1 保理业务流程

① 李培培. 应收账款融资综述 [J]. 西安金融，2007（1）：39-40.

2. 融资租赁保理

在涉及大型装备的行业中,融资租赁保理是较为常见的一种模式。由于在租赁业务中,出租方需要在初期投入大量资金,而后才能从承租人处收取租金,出租方的资金压力较大,融资租赁保理业务正是为了解决这一问题而产生的(宋华,2021)。

融资租赁保理业务的主要流程如下:

①租赁企业与供货商签订租赁物买卖合同。

②租赁企业与承租人签订融资租赁合同,将该租赁物出租给承租人。

③租赁企业向银行申请保理融资业务。

④银行给租赁企业授信,双方签署保理合同。

⑤租赁企业与银行书面通知承租人将应收租金债权转让给银行,承租人填具确认回执单交给租赁公司。

⑥银行受让租金收取权利,给租赁公司提供保理融资。

⑦承租人按约分期支付租金给银行,租赁企业通过银行向承租人提供发票。

⑧当承租人出现逾期或不能支付的情况时,如果是有追索权保理,承租人到期未还租时,租赁企业需根据约定向银行回购银行未收回的租赁款;如果供货商或其他第三方提供资金余值回购保证或物权担保的,由供货商或其他第三方回购银行未收回的租赁款;如果是无追索权保理,则保理银行不得向租赁企业追索,只能向承租人追偿。

以上流程可以用图 4-2 表示。

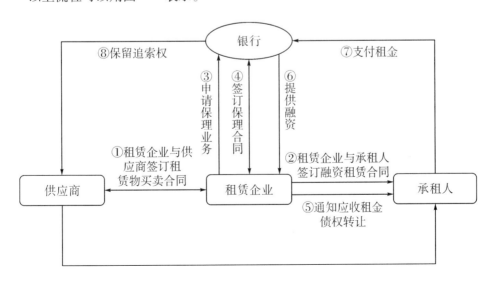

图 4-2 融资租赁保理业务流程

二、应收账款质押融资

应收账款质押融资是指应收账款的债权人将其对债务人的应收账款作为质押物，向银行或其他机构申请贷款或其他融资的融资方式。这种融资方式可以通过贷款，开立银行承兑汇票、信用证、保函等多种银行融资业务实现。质押的应收账款主要为应收账款交易项目、公路收费权、其他收费权及应收租金等。银行等金融机构具有对融资企业的资金追索权，当购买方核心企业拒绝付款时，银行等金融机构具有向融资企业要求偿还融资资金的权利。

1. 应收账款质押融资的流程

应收账款质押融资的流程如下：

①货物交易资金需求方（债权人、中小企业）与核心企业（债务人）进行货物交易，签订购销合同。

②上游债权企业向下游核心企业提供产品/服务，核心企业向债权企业发出应收账款单据，债权债务关系形成。

③债权企业将应收账款单据质押给银行，申请贷款。

④债务企业向银行等金融机构出具付款承诺书，为债权企业贷款进行担保，债权企业与银行等金融机构在中国人民银行征信中心建立的应收账款质押登记公示系统办理应收账款质押登记。

⑤银行等金融机构发放贷款给债权企业。

⑥债权企业获得贷款后购买生产要素进行再生产，核心企业销售货物收回货款并按应付账款单据金额支付给银行，贷款偿还后，主债权消灭，银行等金融机构作为质权人在应收账款质押登记公示系统办理注销登记。

以上流程可以用图4-3表示。

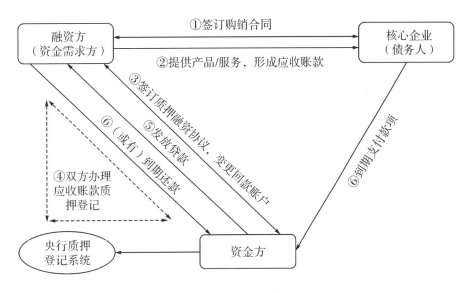

图 4-3 应收账款质押融资业务流程

2. 应收账款质押融资的优缺点

（1）应收账款质押融资的优点。

应收账款质押融资对企业的信用要求相对较低，更关注应收账款的质量。对于一些规模较小、财务管理制度不够完善的企业来说，基于购货合同的质押融资申请较为方便，应收账款质押融资可以提高企业资金流动率和扩大企业贸易范围。应收账款质押融资使得企业将相对不活跃的应收账款转化为流动资金，提高了企业的盈利能力和偿债能力。质押取得的资金可以用于再生产，扩大企业的规模，改善企业的财务状况；应收账款质押融资可降低企业机会成本和融资成本。应收账款是企业商业竞争采用的普遍手段，可看作为客户提供了一定量的无息贷款，但从机会成本来看，企业失去了投资其他业务或获得利息收入的机会。而通过质押融资的方式企业从银行取得这笔资金，虽然需支付一定的利息，但减少了机会成本。

（2）应收账款质押融资的缺点。

应收账款质押融资的相关法律法规不够完善。《应收账款质押登记管理办法》中对企业应收账款质押融资中的"应收账款确认与计量""应收账款质押登记与审查""质权人的义务及风险"的规定都不够完善。应收账款质押融资的环境不够成熟。一是在社会信用体系方面，企业信用风险管理意识较为淡薄且非物质性资产抵押风险较大，程序较复杂。二是在企业及个人方面，信用信息化平台建设不够完善且企业缺乏足够的能力来对自身信用水平进行分析和评价。三是我国尚缺乏完整的信用管理制度来规范质押融资业务，监管力度不大。同时，企业的应收账款管理不够完善。一是许多企业不重视应收账款的管理，只是一味地追求目标利润最大化，缺乏科学有效的管理控制手段和流程。二是对应收账款的风险管理方法较为落后，许多企业缺乏风险评估制度。三是对于应收账款的核算管理方法较为粗放，不能真实地反映企业的应收账款情况，从而加大了企业的融资难度。

三、订单融资

订单融资是指卖方企业持购销合同和资信良好的买方发出的真实有效的购货订单，向资金方申请资金融通，资金方投放专项资金供卖方企业购买材料并组织生产，卖方企业在收到货款后立即偿还贷款的业务。

1. 订单融资的流程

订单融资的流程如下：

①供货方与采购方签订购销合同，并生成购货订单。

②供货方持购销合同和购货订单向资金方提出融资申请。

③资金方审核后和融资方签订融资相关法律文本，确认合同、订单的真实有效性。

④资金方确定供货方的授信额度后，供货方在资金方指定银行开立销售结算专用账户。

⑤供货方与资金方签订订单融资合同及相关担保合同（如需）。

⑥资金方向供货方发放贷款，供货方须按合同规定用途使用贷款，完成订单项下交货义务。

⑦采购方如期向结算专户支付货款，若采购方货款不足偿还本息，供货方补足差额。

以上流程可以用图4-4表示。

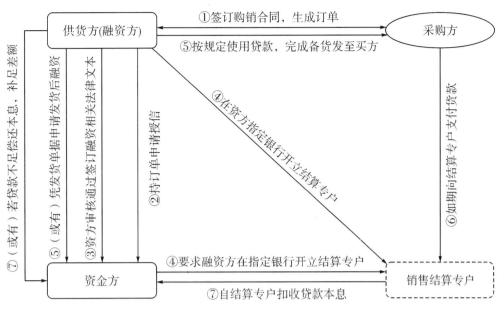

图4-4　订单融资业务流程

2. 订单融资的优劣势

订单融资对销售方、采购方和资金方都有很多好处。

对于销售方来说，其优势为：①可以帮助供应商扩大贸易规模，大幅提高其接收订单的能力；②销售方通过订单融资可以有效地降低库存成本，提高物流速度和库存周转率；③销售方可以解决前期资金短缺问题，提前得到资金，顺利完成订单合同。

对于采购方来说，其优势为：①可以促进其顺利完成采购，保证其采购渠道通畅，按计划安排生产；②可以为企业培育忠实的供应商群，有助于企业长远稳健成长；③通过给上游企业提供信贷融资，减少上游供应商的资金压力，确保采购方自身依托的供应链稳定，消除供应链不稳定带来的负面影响。

对于资金方来说，其优势为：①可以批量开发优质客户群体，解决单个客户开发营销成本过高的问题。②可以进一步巩固与企业的合作关系，加深合作，有效提高对公业务的市场份额。③订单融资还款来源为销售方给付的货款，资金方通过锁定回款账号，可以带来活期存款。由于销售方多为中小企业，贷款利率定价有上浮空间，综合收益较高。

虽然订单融资业务有着广阔的发展前景，但也不可避免地存在一些风险和问题。其中最典型的问题是银行等资金方并不了解借款企业和相关订单的信息，对企业主体的风险以及订单担保的有效性和可实现性缺乏准确的评估，这一点尤为值得资金方关注。

第二节　预付款融资模式

由于供应链下游企业一般要向上游供应商预付货款,从而获得正常运营所需的原材料、半成品或者成品。这样一来,下游企业的资金就被长时间占用,如果是价值较高的产品交易,下游企业的资金有限,很可能无法抵偿购买商品的流动资金。为了解决这一问题,下游企业就要进行预付款融资,用某笔或者多笔预付款进行融资,从而获得银行提供的短期信贷支持。预付款融资主要分为先票(款)后货融资、保兑仓融资、担保提货融资、未来货权质押、开立信用证业务(深圳发展银行和中欧国际工商学院"供应链金融"课题组,2009;陈晓华和吴家富,2018;宋华,2021)。

一、先票(款)后货融资

先票(款)后货融资是指客户从银行申请授信获得贷款,在缴纳保证金的基础上向供应商议付全额货款,然后供应商按照合同规定发运货物,以银行为收货人。货物到达后,客户追加保证金,取走一部分货物。这一融资模式对客户的好处在于:一方面,银行授信时间覆盖了供应商的生产周期和物流时间,而且货物到达以后可以转为库存融资,有效地缓解客户流动资金需求压力;另一方面,由于获得了银行的资金支持,客户与供应商洽谈时能够获得较高的折扣,提前锁定价格,防止以后涨价。这一融资模式对银行的好处在于:银行可以沿着贸易链条进一步开发上游企业的业务资源。供应商承诺回购或者调剂销售的条款,能够降低客户违约情况下的变现风险。

先票(款)后货融资业务流程如图4-5所示。

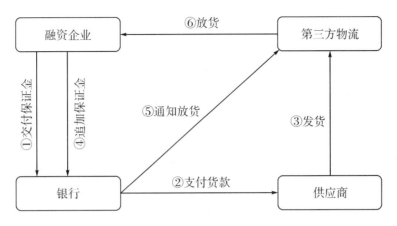

图 4-5　先票（款）后货融资业务流程

二、保兑仓融资

保兑仓融资模式是指以银行承兑汇票作为结算工具，由银行对存货进行控制、第三方物流企业接受银行委托保管货物，对银行承兑汇票额度的未售卖部分由卖方回购仓单作为担保的一种特定票据业务。保兑仓融资模式针对的是下游企业（买方）的购买环节，核心企业（卖方）以仓单为质押物并承诺回购从而对下游企业融资活动进行担保。保兑仓融资模式运转操作流程如图4-6所示。

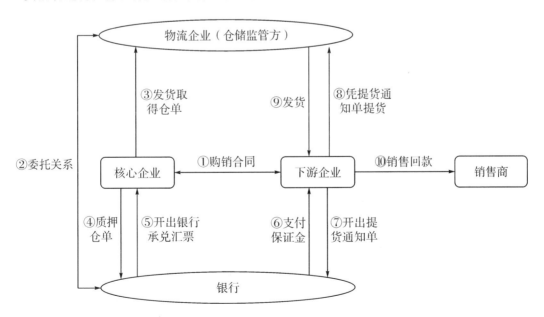

图 4-6　保兑仓融资业务流程

三、担保提货融资

担保提货融资也叫保兑仓授信，在这种融资模式下，客户要先缴纳一定的保证金，银行才会为客户提供贷款，用于支付供应商的采购款。随后，客户应分次缴纳提货保证金，银行再分次通知供应商向客户发货。假如供应商发货出现不足，应就其不足部分向银行承担退款责任。这一融资模式同样是为了解决客户在商品采购阶段的资金短缺问题。

这一融资模式对客户的好处在于：客户大批量采购，可以获得价格优惠，而且客户可以在淡季一次性付款，在旺季收货销售，淡季价格较低，这样做就锁定了价格风险。

这一融资模式对供应商的好处在于：供应商可以一次性获得大批预收款，缓解了流动资金短缺，而且锁定了未来销售，销售稳定性增强。

这一融资模式对银行的好处在于：供应商成为卖方和物流监管方两种角色的共同体，简化了风险控制维度，并引入供应商发货不足的退款机制，解决了抵质押物的变现问题。担保提货融资业务流程如图4-7所示。

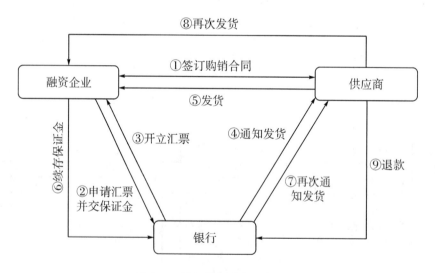

图4-7　担保提货融资业务流程

四、未来货权质押融资（进口信用证项下未来货权质押融资）

进口信用证项下未来货权质押融资是指进口商向银行缴纳一定比例的保证金，

银行为其开立信用证，并通过控制信用证项下的货权来控制还款来源的一种融资方式。这种融资方式的适合对象主要是购买大宗商品的企业、拥有稳定购销渠道的专业进口外贸公司以及需要扩大财务杠杆效应、降低担保抵押成本的进口企业。

这一融资模式对客户的好处在于：假如没有其他抵质押物品或者保证担保，客户只需要缴纳一定的保证金就可以对外开证采购，而且缴纳少量保证金就可以一次性进行大规模采购，从而获得较大的折扣。

这一融资模式对银行的好处在于：由于银行放弃了过去在开证业务上对抵质押物品和保证担保的要求，非常容易扩大客户范围，而且由于控制货权，银行的风险并未明显增加。

为了管控风险，银行应该做到以下几点：

①查看不同类型的单证在控制货权方面是否全部有效。

②可以选择为在运货物购买以银行为受益人的保险。

③关注到货和入仓监管之间衔接环节的货权归属。

④提前想好客户放弃收货时的处理办法。

进口信用证项下未来货权质押融资业务流程如图4-8所示。

57

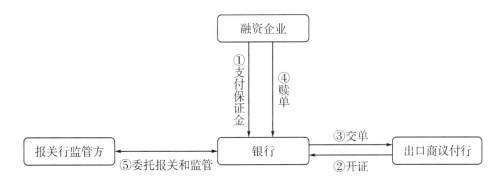

图4-8 进口信用证项下未来货权质押融资业务流程

五、开立信用证业务（国内信用证）

国内信用证指的是国内企业在交易中，银行根据买方的申请，向销货方开出的有一定金额、在规定时间内凭符合信用证条款规定的单据支付货款的书面承诺。

国内信用证解决了陌生的买方与卖方之间的信用风险问题，以银行信用弥补商业信用的不足，降低了很多人民币传统结算业务中的风险。由于没有金额限制，国内信用证模式下的交易更具弹性，手续也简单得多。值得注意的是，虽然买方申请的是延期付款信用证，但付款期限须在 6 个月以内。

这一融资模式对买方的好处在于：客户可以通过银行给的授信额度延期付款，提前提取货物获得销售收入，然后再支付国内信用证款项。这样做就不会占用自有资金，减少资金链断裂的风险，也提高了资金使用的效率。

这一融资模式对卖方的好处在于：卖方按规定发货以后，应收账款成立且具备银行信用保障，几乎不存在拖欠和坏账的风险。

这一融资模式对银行的好处在于：国内信用证规避了卖方的信用风险，更为有力地控制了货权。与此同时，银行业获取了与信用证相关的中间业务收入。

国内信用证的业务流程如图 4-9 所示。

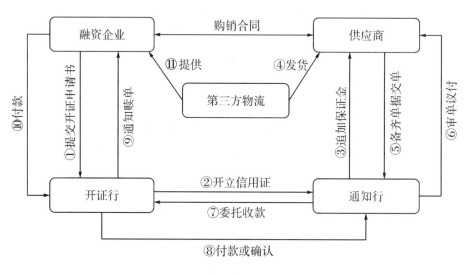

图 4-9　国内信用证业务流程

第三节　库存类融资模式

库存类融资模式主要应用在企业的经营过程中。通常情况下企业都是先付资金、购入存货，再售出产成品、收回资金，由此构成一个经营循环。但是在这个经营循环中企业的资产会以多种非现金形式存在，占用企业资金，给企业资金周转带来压力。企业通过存货融资，可以增加资金流动性，提高资金利用效率。库存类融资主要包括仓单质押和存货质押（吴科，2020）。

一、仓单质押融资

仓单质押融资可以分为标准仓单质押融资和普通仓单质押融资，其区别在于质押物是否为期货交割仓单。

1. 标准仓单质押融资

标准仓单质押融资是指客户以自有或第三方合法拥有的标准仓单为质押物的融资业务。标准仓单是指符合交易所统一要求的，由指定交割仓库在完成入库商品验收、确认合格后，签发给货主用于提取商品的，并经交易所注册生效的标准化提货凭证。其具体业务流程如图4-10所示。

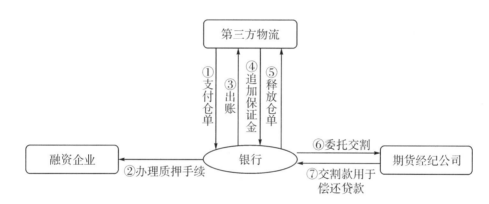

图4-10　标准仓单质押融资业务流程

标准仓单质押适用于通过期货交易市场进行采购或销售的客户以及通过期货交易市场套期保值、规避经营风险的客户。对客户而言，相比动产抵质押，标准仓单质押手续简便、成本较低。对银行而言，标准仓单质押成本和风险都较低。此外，由于标准仓单的流动性很强，也有利于银行在客户违约的情况下对质押物进行处置。

2. 普通仓单质押融资

普通仓单质押融资是指客户提供由仓库或其他第三方物流公司提供的非期货交割用仓单作为质押物，并对仓单做出质押背书后，由银行提供融资的一种银行产品。普通仓单质押融资应建立区别于动产质押的仓单质押融资操作流程和风险管理体系。鉴于仓单的有价值证券性质，出具仓单的仓库或第三方物流公司需要具有很高的资质。其具体业务流程如图4-11所示。

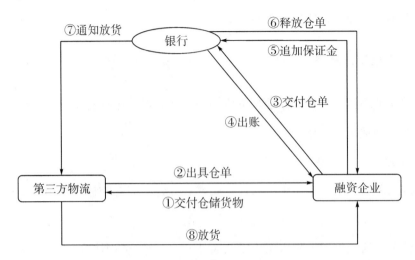

图4-11　普通仓单质押融资业务流程

二、存货质押融资

1. 存货静态质押融资

存货静态质押融资是指客户以自有或第三方合法拥有的动产为质押物的授信业务。存货静态质押融资是货押业务中对客户要求较严苛的一种，更多地适用于贸易型客户。通过存货质押融资，客户得以将原本积压在存货上的资金盘活，扩大经营规模。同时，存货质押融资的保证金派生效应最为明显，因为该产品只允许保证金赎货，不允许以货易货，故赎货后所释放的授信敞口可被重新使用。其具体业务流程如图4-12所示。

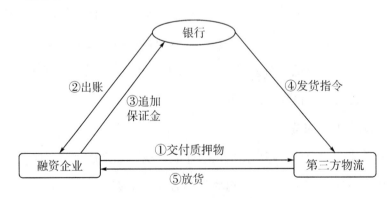

图4-12　存货静态质押融资业务流程

2. 存货动态质押融资

存货动态质押融资是存货静态质押融资的延伸产品。银行对于客户质押的商品

企业向下游客户提供的贸易信贷表现为应收账款，上游供应商向企业提供的贸易信贷表现为应付账款。贸易信贷也可以被认为是一种没有任何利息的短期债务。

贸易信贷融资业务流程如图 4-14 所示。

图 4-14 贸易融资业务流程

贸易信贷一般基于交易双方的信誉和长期交易关系而存在。提供资金的上游企业基于对下游企业的信息了解和为了维护长期的交易关系，愿意以这种方式对相关企业提供资金融通。对于供应商来说，其提供给购货企业的短期信贷，也存在一定的风险，即购货企业到期无法支付货款，那么这种风险可以看作一般的商业活动引发的财务风险，不同于因为信贷关系的建立而产生的金融风险。

贸易信贷融资形式简单灵活，与银行贷款相比没有烦琐的手续。从交易成本、流动性和现金管理角度来看，贸易信贷是中小企业融资的最优选择。从信贷市场角度分析，贸易信贷是弥补银行信贷不足的另一种融资方式。

第五节 供应链金融融资模式辨析

一、保理融资与应收账款质押融资业务的区别①

保理融资与应收账款质押融资的主要区别如下：

1. 含义和范畴不同

在保理融资中，"保理"是一种融资方式，一般认为应收账款的转让即"保理"。

应收账款质押融资中"应收账款质押"是一种担保方式，具体的融资方式包括贷款、开立银行承兑汇票和保函等。

2. 生效条件不同

在保理融资中，债权人转让权利的，应通知债务人，若未经通知，则该转让对

① 保理和应收账款的区别［EB/OL］.（2019-07-18）［2024-11-19］. https://www.dongao.com/gaoji/gjkjsw/201907181099617.shtml.

债务人不发生效力。

应收账款质押融资依据《中华人民共和国民法典》——"以应收账款出质的"，质权自资金方办理质押登记时设立。

3. 法律关系不同

在保理融资中，资金方通过直接收取应收账款的方式收回支付的交易对价，资金方拥有获得所购应收账款项下报酬的权利。

在应收账款质押融资中，质押是从属法律关系，成立的前提是其担保的债务仍存在；即使资金方不选择执行质押，仍然有权向借款人主张关于主债务的权利。

4. 对质权人和受让人的法律效力不同

在保理融资中，对受让人产生的法律效力包括：①债权人发生变更，原债权人退出债权关系；②原债权主从权利转移到受让人；③转让人对其转让的应收账款债权负瑕疵担保责任。

在应收账款质押融资中，质权人的权利包含：①优先受偿权；②向出质人和债务人主张质权；③对设质应收账款代位物的追及权；④对出质应收账款债权的担保利益的追及权；⑤在出质人破产时，对已设立质押的应收账款可主张不将该财产权利列入破产财产范围。

5. 运行机制不同

在保理融资中，受让人能否向应收账款的债务人收回账款以及收回多少，均与原债权人（转让人）无关；除非发生约定的保理中的商务纠纷及争议。

在应收账款质押融资中，质权人行使质权，若所收账款大于被担保的债权金额，须将余额退还出质人；反之，如有不足，可继续向债务人请求偿还不足部分。

6. 对应收账款的权利不同

在保理融资中，受让人有权立即直接获得所购应收账款项下的任何权益，除非出让人回购应收账款债权。

在应收账款质押融资中，质权人不能通过执行质押而享有质押应收账款的任何权益，除非债务人违约。

7. 适用应收账款的范围不同

保理融资：仅限于销售货物或提供服务产生的应收账款（应收账款质押融资适用范围中"①"的一部分及"③"）。

应收账款质押融资：①销售产生的债权；②出租产生的债权；③提供服务产生

的债权；④公路、桥梁、隧道、渡口等不动产收费权；⑤提供贷款或其他信用产生的债权。

8. 对是否应通知债务人要求不同

保理融资可不通知债务人，比如暗保理或商业发票贴现等，但也并非绝对不通知。

应收账款质押融资要求通知债务人，并取得债务人对应收账款质押的确认。

9. 对资产负债率的影响不同

在保理融资中，出质人获得融资列入其流动资产科目，对资产负债率无影响，实质上降低了资产负债率，改善了财务结构。

在应收账款质押融资中，出质人获得融资计入负债科目，增大其资产负债率。

10. 审批政策不同

在保理融资中，有追索权保理融资占用卖方的保理授信额度，无追索权保理融资占用买方的保理授信额度。

应收账款质押融资参照一般风险业务流程及权限管理。

11. 融资金额不同

保理融资会参考交易双方资信状况、应收账款质量等因素，质押率不超过发票实有金额的 100%。

在应收账款质押融资中，若应收账款作为主要担保方式，应收账款质押率通常不能超过 80%。

二、先票（款）后货融资与保兑仓融资的区别[①]

两者都属于预付款融资范畴，均是先有融资后有相应担保（货物质押或核心企业承担保兑责任）；都是资金方以核心企业（制造商/销售方）信用增强为依托，向融资方（经销商/采购方）提供的金融服务；且都坚持"资金及货物封闭管理、全程封闭运行"原则，操作流程、风险要点及控制手段具有很大的相似性。

两者的主要区别如下：

1. 对核心企业（销售方）的依赖程度不同

比起先票（款）后货融资，保兑仓融资更依赖核心企业信用。

---

① 先票（款）后货与保兑业务的联系和区别［EB/OL］.（2020-07-01）［2024-11-19］. https://www.
shangyexinzhi.com/article/2080929.html.

先票（款）后货融资中，核心企业（制造商/销售方）所承担的责任无外乎按期发货、调剂销售或回购担保，核心企业（制造商/销售方）履行发货责任后，资金方的资金风险便基本转移至融资方（经销商/采购方）。

在保兑仓业务中，由于核心企业（制造商/销售方）始终控制货物，因此资金方对融资方（经销商/采购方）的融资风险在整个流程中都很大程度上取决于核心企业（制造商/销售方）的保兑能力（核心企业承担的"未发货情况下的差额退款或差额保证"责任）。

2. 对质押货物的控制力不同

先票（款）后货融资归根结底是现货质押融资的流程创新，核心企业（制造商/销售方）发货后资金方实行全流程的物权控制。

保兑仓融资的本质是核心企业（制造商/销售方）保兑责任下的融资方授信，资金方依赖的是核心企业（制造商/销售方）保兑责任的履行而不是实际控制货物。

3. 审批政策不同

由于保兑仓融资更强调核心企业（制造商/销售方）信用，因此资金方对保兑仓的核心企业（制造商/销售方）额度审批需要较高权限。

先票（款）后货融资对核心企业额度审批要求的权限相对较低。

4. 风险控制手段略有差异

保兑仓融资更强调对核心企业（制造商/销售方）经营状况、履约能力的动态跟踪。

先票（款）后货融资更注重对融资方（经销商/采购方）和货物出入库的动态管理。

三、存货质押融资和先票（款）后货的区别①

存货质押（现货质押）融资和先票（款）后货融资都是基于动产的融资，都需要引入第三方物流监管企业协助资金方实现质权。

两者的主要区别如下：

1. 资金方取得质权的时间顺序不同

在先票（款）后货融资中，先有融资而后才有货权（物）质押。

---

① 存货质押和先票（款）后货融资的区别［EB/OL］. (2019-02-12)［2024-11-19］. https://mp.weixin.qq.com/s/EPMcoby0Rx9nBDvjjjqLnw.

在存货质押融资中，资金方取得质权后才会对融资方提供授信。

从这个角度看，存货质押融资的授信风险较先票（款）后货融资低。

2. 是否存在核心企业（制造商/销售方）信用

在先票（款）后货融资中，核心企业（制造商/销售方）承担按期发货、调剂销售或回购担保责任，资金方对融资方（经销商/采购方）的授信隐含核心企业（制造商/销售方）信用。

在存货质押融资中，资金方授信风险取决于融资方信用和质押货物的变现价值。

从这个角度看，存货质押融资的授信风险明显高于先票（款）后货融资。

3. 对资金流的控制力度不同

先票（款）后货融资强调"资金及货物封闭管理、全程封闭运行"，融资方（经销商/采购方）的融资用于定向支付核心企业（制造商/销售方）货款，资金方对物流和资金流都能进行有效控制。

在存货质押融资中，融资款项可能并非用于向某个固定厂家支付货款，从而加大了资金方对资金流的控制难度。

从这个角度看，存货质押融资的授信风险较先票（款）后货融资高。

4. 风险控制手段略有差异

先票（款）后货融资除注重对融资方和货物出入库的动态管理外，也要求对核心企业（制造商/销售方）的经营状况、履约能力进行动态跟踪。

存货质押融资的授信风险一般高于先票（款）后货融资。因此，在开展存货质押业务时，应尽可能选择银行承兑汇票方式（限资金方为银行的情形）以加强对信贷资金的控制。如融资方选择流动资金贷款方式进行融资，资金方应密切监控其资金支付用途，动态跟踪质押货物的市场价格变动情况，并严格按照相关操作流程进行业务操作。

四、仓单质押融资与存货质押融资的区别①

仓单质押融资与存货质押融资在客户营销、授信审批及放款操作等环节非常类似，两者的主要区别在于：

---

① 仓单质押融资和存货质押融资的区别［EB/OL］. (2020-07-01)［2024-11-19］. https://www.shangyexinzhi.com/article/2080933.html

1. 质押范畴不同

在存货质押融资中，融资方将有形的货物交由监管企业代资金方保管并设定质押，属动产质押范畴。

在仓单质押融资中，融资方将记载仓储货物所有权的仓单直接交由资金方占有并质押，属权利质押范畴。

2. 是否接受动态模式要求不同

在存货质押融资中，如融资方采用动态质押/总量控制模式，则融资方只要符合相关要求即可自由换货。

在仓单质押融资中，由于仓单已质押给资金方，且仓单部分分割难度较大，因此资金方不接受动态模式的仓单质押融资。

3. 对监管企业（仓储物流公司）的资信要求不同

在存货质押融资中，监管企业承担的是监管责任，即按资金方要求妥善保管库存货物并监督其变动情况，资金方可随时知晓库存货物的相关情况，对库存货物的控制力较强，因此对监管企业的信用要求相对要低。

在仓单质押融资中，资金方控制的仅是仓单凭证，因此对仓储公司的违约偿付能力有较高要求，须对其核定相应的额度。

思考题

1. 供应链金融的业务模式有哪些类别？

2. 什么是应收账款融资模式，保理融资和应收账款质押融资的区别是什么？

3. 什么是预付款融资模式，先票（款）后货融资与保兑仓融资的区别是什么？

4. 什么是存货类融资模式，仓单质押融资与存货质押融资的区别是什么？

5. 什么是贸易信贷融资模式，其业务流程和特点是什么？

6. 请列举供应链金融不同业务模式的实际案例。

第五章
供应链金融的风险及管控

第一节　风险管理的基本知识

一、风险管理的起源

现代风险管理起源于美国。受到1929—1933年的世界性经济危机影响，美国约40%的银行和企业破产。面对经济衰退、工厂倒闭、工人失业，人们开始思索如何减少和消除类似的灾难性事件所带来的损失。此后，为应对经营中以及外部环境带来的不利冲击，美国许多大中型企业在其内部设立了保险管理部门，负责安排企业的各种保险项目。1938年以后，美国企业采用科学的方法开展风险管理，逐步积累了丰富的经验。1950年，风险管理发展成为一门学科[①]。

1970年以后，风险管理在全球受到关注，法国、日本、英国、德国等国家先后开始了风险管理研究，并建立起全国性和地区性的风险管理协会。1983年，在美国纽约召开的风险和保险管理协会（RIMS）年会上，各国专家学者云集，共同讨论并通过了《101条风险管理准则》。它标志着风险管理的发展已进入了一个新的阶段。1986年，由欧洲11个国家共同成立的欧洲风险研究会将风险研究扩大到国际范围。

20世纪80年代，一些学者将风险管理和安全系统工程理论引入中国，并率先在少数外商企业的工程管理项目中试用。在这个过程中，国内同时进行了风险管理实践和理论研究，取得了丰硕成果。不少大型项目都运用了风险管理办法，如上海地铁工程、小浪底水利枢纽工程等。

---

① 马士华，林勇. 供应链管理［M］. 4版. 北京：机械工业出版社，2014.

经过近一个世纪的实践和理论探索，学界对风险管理有了深刻认识。广义的风险管理是指为了应对相应风险所采用的各类控制方法与过程的统称；狭义的风险管理指各类经济组织如何通过对风险的识别与评估，整合有限的管理资源，使风险对组织的不利冲击降到最低的管理过程[①]。

二、风险管理的目标

企业在经营过程中，总会遇到各种风险。这些风险往往给企业带来难以估量的损失。早期，企业往往被动应对风险，采取购买保险等方式降低损失。在外部环境愈发不确定的新形势下，企业应主动采取有效的风险管理手段，以降低不确定性对企业经营造成的影响。

通过对现实的风险或潜在的风险进行识别和评价，风险管理提供了一种系统的管理方法，为决策者进行决策提供了参考依据。现今公认的风险管理目标应是控制和减少损失，用最小的成本获取最大的安全保障。而安全保障既指预期损失的减少，也包括对损失的有效补偿，在某种程度上还应该能保证企业获得稳定的投资和经营收益，并提高社会效益。

当然，企业经营目标不同，风险管理的目标也不尽相同。如电力供应企业，其首要目标就是保证产品质量以及充足供应，必须着眼于导致电力供应意外中断的各类生产安全事故及设备故障。如第三方物流企业，为了准时、安全、高质量交付货物，必须对物流过程中的交通状况、运输线路、运载工具等实施有效监督。

因此，企业风险管理目标不能一概而论，要结合企业自身的特性和实际情况设定，并与企业战略发展规划相匹配。

第二节　供应链金融风险的特点及类型

一、供应链金融风险的特点

供应链金融风险是指在特定经济环境下，供应链中的参与者对供应链中物流、信息流和资金流运转情况的预期与实际不符，从而对参与者及其他相关机构带来损

---

① 卓志. 风险管理理论研究［M］. 北京：中国金融出版社，2006.

失的不确定性。

影响供应链金融稳定运营的因素很多。这些因素可能会造成供应链各个节点企业无法达到预期收益目标，金融机构和第三方物流无法收回资产等结果。这些不确定因素来源于参与主体所处的供应链的内外部[①]。

内部因素指在供应链内部存在的影响因素，如信息不对称、不确定与不对等的利润分配方式、不健全的管理体系与基础设施、不同的企业价值理念、雇员对企业的认同感等。任何一种商品在流转的各个环节，都有"供给—制造—营销"链，在这个链条中的任何一个企业一旦发生危机，都会使整个链条的上下游节点企业受牵制，从而产生波浪效应，而由此形成的风险也很可能会在被传导的流程中逐级增大。所以，一直以来，系统稳定性是供应链金融必须考虑的关键因素。

外部因素是指在供应链体系之外带有不确定性风险的因素，包括自然灾害、社会风险、政治变化以及失败的国际社会信用体系等。比如一项限制某一产业发展的政策出台后，企业金融服务就可能受到相关节点和关联公司的冲击，产生严重的金融风险；反之，则将促进该领域供应链金融蓬勃发展。

供应链金融风险具有以下特点：

1. 风险传递性强

供应链金融涉及多个环节和参与方，一旦某个环节或参与方出现问题，就会对整个供应链产生影响，从而引发连锁反应。

2. 风险类型多样

供应链金融涉及货物、资金、信息等多种要素，因此存在着货物损失风险、信用风险、市场风险、汇率风险等多种风险。

3. 风险难以评估

由于供应链金融牵涉到多个参与方，信息不对称和不透明等问题较为突出，因此很难准确评估各种风险的发生概率和影响程度。

4. 风险防范措施复杂

为了有效防范供应链金融风险，需要制定完善的合同管理、信用评估、监督管理等措施，但这些措施需要各参与方共同协作才能实施。

5. 风险溢价高

由于供应链金融的风险较高，银行等金融机构在提供相关服务时通常会收取较

① 艾敏勇. TK 集团供应链金融风险管理优化研究［D］. 南昌：南昌大学，2022.

高的利率和手续费，从而增加了企业的财务成本。

二、常见供应链金融风险的类型

供应链是由众多管理活动和各种关系组成的复杂网络，与单个企业相比，供应链有其内在的脆弱性，网络中的每个企业都会直接或间接地影响这一网络关系中其他企业或组织的绩效。特别是供应链金融业务往往涉及多种不同的经济主体，包括供应链上下游企业、平台服务商、风险管理者以及流动性提供者等。

随着经济全球化趋势的不断加快、产品生命周期的缩短以及技术创新的加速，企业面临着更加动态化和更具竞争性的经营环境。为了应对经营环境的不确定性，供应链中的企业越来越多地采用外包、全球采购、存货持续改善等管理方式，通过与其他企业更加紧密地合作，使企业内部流程和供应链更加有效地适应市场的变化。

这些供应链管理创新活动在给供应链及其成员企业带来效率和效益的同时，也使供应链中的企业更加依赖于外部环境与供应链中的其他企业，从而变得更加脆弱。在供应链运营中任意一环一旦出现问题，不仅供应链运营会中断，而且相应的风险，特别是金融风险就可能被放大，严重危害供应链的稳定性。

因此，供应链金融的风险要素是多元而又复杂的，主要体现在以下五个方面[①]：

1. 核心企业道德风险

核心企业处于供应链主导地位。它们规模较大，实力较强，是供应链中物流和资金流流动的枢纽。核心企业的信用水平更是直接决定了整个供应链的融资能力。一般情况下，通过核心企业的带动，可以将供应链中中小企业的边际信誉提高到与核心企业同等的水平。

但是，如果核心企业急功近利，利用优势地位压榨上下游中小企业，将导致中小企业资金紧张。中小企业不得不通过向银行融资来缓解资金紧张状况，维持基本运作，而核心企业可能反过来进一步挤占中小企业资金。如果由此积累的债务负担超出中小企业的承债极限，负债危机甚至会造成整个供应链不稳定。

2. 中小企业信用风险

供应链金融的主要服务对象是中小企业。中小企业的违约风险比较高，信用风险较大。首先，中小企业规模小，实力弱，能够抵押的优质资产很少，实力雄厚、

---

① 细数供应链金融的五大风险要素［EB/OL］.（2022-03-28）［2024-11-19］. http://jrfh.chinawuliu.com.cn/xydt/202203/28/573889.shtml.

资金状况好的企业为其提供担保的信心较弱；其次，中小企业资产规模决定了其产品和服务种类单一，缺乏核心技术，导致产品技术含量低，盈利能力差，经营较易受行业、市场因素影响，还款能力缺乏保障；最后，中小企业财务管理水平不高，信息披露的真实性和完整性都不够，传统的财务评价较难真实体现中小企业的信用风险水平，监管难度大、成本高。

3. 物流企业渎职风险

在供应链金融中，物流企业是连接金融机构、中小企业和核心企业多方主体的纽带。在供应链金融里，货物形成的监管标的、订单形成的需求信息、担保形成的金融服务等，都需要通过物流在供应链上一层层传递。一般而言，物流企业的引入有助于供应链金融的风险控制。

如果物流企业准入不严，或者物流企业履行监管职责不力，与核心企业出现纠纷或者和融资企业合谋诈骗等，将转化为一个新的风险隐患，严重时将使整个供应链金融中断或者崩溃。

4. 物权货值风险

若质押商品出现品牌形象或质量等重大负面影响事件，可能导致仓单价值严重下跌，如质押物变现价值低于银行授信余额，质押物难以销售处置等。

毕竟对于资金方来说，应收账款、存货以及预付款项之类的广义动产，不仅是授信的支持性资产，还是还款来源。如果质押商品出了问题，资金方就会丧失物权或者还款来源，导致比较高的信用风险。

5. 供应链操作风险

在供应链金融中，资金方需要根据实际情况设计多元化的契约，以协调各参与主体在物流、资金流、信息流等方面的权利和义务。业务操作的规范性、合法性和严密性都是供应链金融风险控制的重要保障。

相对于一般贷款，供应链金融参与主体较多，每个主体都是独立经营的经济实体。当供应链结构日趋复杂、规模日益扩大时，供应链上发生错误信息传递的概率也随之增加。资金方在扩大供应链金融的服务范围，提供更加灵活的金融产品的同时，如果对于贷前、贷中和贷后的契约设计不完善或有问题，不能有效地管理供应链金融的操作过程、人员、信息或外部事件，将可能引发操作风险，影响债权实现。同时，供应链金融服务需求的多样化要求银行等金融机构为其量身定做贷款流程，而不同业务的单据审核和资金货物的监控等各不相同，这都增加了操作的复杂性。

第三节　供应链金融风险的管控

针对供应链金融的不同风险应采取不同的管控对策。对风险的防范，可从加强风险点识别、管理相关授信主体准入门槛等多方面入手。

一、加强风险点的识别和审查

对于供应链金融风险的管理控制，需要从风险识别入手。只有充分识别了风险来源，才能对风险因素进行综合分析，客观评价得失。

以商业银行为例，应收账款融资、预付款融资、库存质押融资三种不同融资模式的业务流程不同，面向的融资需求企业不同，识别风险点时应各有侧重。

对于商业银行主导下的应收账款融资模式，可重点审查和识别以下几个风险点：①融资企业的经营状况，包括融资企业的借款原因、发展状况、经营绩效、技术情况、产品竞争力、履约能力、核心企业对该企业的依赖程度等；②核心企业的资信状况，包括核心企业在整个行业中的地位及市场份额、规模与实力、股东结构、主营业务收益、资产负债情况、信用记录、发展前景等；③应收账款的质量，包括应收账款的真实性、合法性、可转让性等；④供应链的整体状况，包括供应链所在行业的成熟度及特点、资金流状况、企业间的关联程度、合作时间、交易频率以及核心企业对于上下游企业的管理能力等。

而应收账款融资与预付款融资的最大区别是质押物由应收账款转为实物，除了融资企业的经营状况、核心企业的资信状况、供应链的整体状况外，其特殊的风险审查点还包括考察质押物的稳定性、流动性、保值性。

库存质押融资与预付款融资类似，但需更多审查第三方物流企业，包括第三方物流企业的资信状况和监管能力等。

二、管理相关授信主体的准入门槛

各授信主体企业的业务能力、经营绩效、信用等级不同，其风险不一。只有对授信主体企业进行综合评价，才能提出合理的准入门槛，从而降低供应链金融风险。

1. 做好授信前调查

实地了解授信主体的一般概况，包括从业经验、与上下游企业的合作关系等信息，核实其存货、预付款、应付账款、应收账款等的变动情况，严格评估相关财务指标的合理性。注重授信主体真实经营情况的调查，详细了解各种交易发生的背景、购销合同的真实性、交易的连续性等。杜绝贷前调查流于形式。

2. 加强核心企业的信贷准入管理

供应链融资的各种商业模式都直接或间接涉及核心企业的信用水平。核心企业在上下游企业融资中起到担保作用的同时，其经营风险也直接传导到供应链中的其他企业，直接决定了供应链业务的整体荣枯，因此对其的准入管理尤为重要。

3. 真实反映供应链上下游中小企业的信用风险

在供应链融资业务中，银行通过交易结构的设计，在一定程度上将企业的信用风险与主体信用分离。但是，债务信贷与主体信贷的分离并不意味着银行可以忽视主体信贷的信用风险，也不能仅仅依靠核心企业的债务自我偿还和信用增级来盲目降低对中小企业的信贷准入要求。

4. 谨慎选择授信的供应链

优势行业与畅销产品是维护供应链企业间良好合作关系的基础，也是金融机构有效控制信用风险的重要前提。因此，金融机构应谨慎选择开展供应链金融的行业和产品，作为贷前准入管理的必要条件。

例如，国家先后提出了"增加制造业贷款""将制造业贷款列入银行内部考核""加快推进制造强国、质量强国建设"等一系列支持制造业发展的政策精神。中国制造企业主动向全球产业链布局，带动了国内核心器件、材料、装备输出。中国经济由"地产+基建"为主的传统模式，逐步转向由高端制造业、战略性新兴产业、农业等实体经济驱动的高阶模式。

2022年，重庆银行针对新能源汽车提供从项目建设到后续经营的全生命周期金融服务，打通产业链、供应链，全年提供信贷支持超400亿元。2022年6月，兴业银行为新能源汽车、半导体、生物医药等新兴行业提供的贷款规模超5 000亿元，较上年末增长20.63%。作为智能制造服务银行，浙商银行披露，截至2022年6月末，其已与2 443户智能制造企业建立合作，累计提供资金超6 673亿元，较上年末增长 15.16%[①]。

三、规范各操作流程的职责要点

供应链运作环节多，风险复杂多变。供应链金融首先应根据业务特点，明确关键流程。例如，从业务操作角度，一般将供应链金融划分为应收账款融资模式、预付款融资模式和动产质押融资模式。它们的操作流程已经在前面章节详细说明，此处重点关注如何规范其操作流程，以降低风险。三种模式的法律关系不同、标的物不同，因而在供应链金融流程中关注和控制的要点不同。

在应收账款融资模式下，要重点关注与基础合同相关的操作流程。关注基础合同的效力，防止基础合同无效或不存在；关注基础合同的履约情况，防止基础合同出现履约瑕疵；关注应收账款质权，防止权利因抵销权行使而灭失。

在预付款融资模式下，要重点关注与核心企业资信相关的操作流程，关注核心企业的资信问题对整个供应链产生的影响。同时，还要关注司法纠纷的裁决标准不一导致的风险。

在动产质押融资模式下，要重点关注与质押物相关的操作流程。关注质押物存储过程，防止因质押物瑕疵导致质权受损；关注动产质押权的成立时效，防止因未完善交付手续导致的质权设立失败；关注出质人的处分权，防止因出质人无质物处分权导致的质权受损；关注质押物价值变动，防止质权受损。

明确了不同供应链金融模式的关键流程后，应进一步有针对性地建立内控标准，细化相应的管理机制。例如，细化每道工序的操作指南，建立清晰详细的操作规范要求。在贷前调查阶段，考虑到其资料要求比一般企业授信更为复杂，应建立专业的调查审查模板和相关指引，调查人员应按照模板要求收集资料，有效地降低调查人员工作能力对调查结果有效性的影响。

在业务落地过程中，要与授信主体及其上下游签订合同和协议细化操作职责、操作要点和规范要求。成立专业管理部门，设置专业管理岗位，明确各环节岗位职责，细化到人，做到由专人负责业务推广、业务管理、价格管理、审计、仓库检查、合同签订、核保、资金支付和支取监管等工作，使各岗位相互衔接，相互监督检查，通过流程管理真正实现供应链金融业务的封闭运行和全流程监管。

---

① 冯紫彤. 透视银行支持实体经济：上半年六大行制造业贷款 9.2 万亿元，浙商、中行占比高［EB/OL］.［2023-04-28］. https://www.sohu.com/a/593801632_100001551.

例如，质押监管是一项风险较高的业务，为了控制质押监管业务的流程风险，中国外运股份有限公司按照开发、操作、巡查三分开的原则，成立质押开发部、质押操作部及质押巡查部。三个机构独立运作，互不隶属，分工明确。

质押开发部的具体岗位职责包括：

①客户开发；

②业务洽谈；

③出质人调查；

④监管地点考察；

⑤制定监管流程；

⑥索要相关资料及签订相关协议；

⑦安排监管员的办公及住宿，配装电脑、传真机等设备并开通网线和电话线；

⑧商谈监管点上墙资料和场区标识的挂贴事宜；

⑨与银行和出质人的沟通；

⑩监管费的收取以及其他相关工作。

质押操作部设立现场操作员（外勤）和内部操作员（内勤）两种岗位。

现场操作员的具体职责包括：

①对质押开发业务的监管地点条件、监管流程、相关设施配套等是否符合公司的有关要求、是否具有可操作性等进行认定；

②协助开发人员完成职业开发各项内容；

③带领监管员一起完成质押监管业务的首次出质，首次出质时与监管员出具盘点记录，对监管员进行现场监管流程培训直至监管员能独立工作；

④负责一级巡查工作，每半个月一次，并做好巡查记录。

内部操作员的具体职责包括：

①审核协议文本、流程是否符合公司的标准文本和配套流程要求并盖章，做好部门业务印章的管理工作；

②按照三方协议要求接收银行的单据如查询及出质通知书等，向银行出具单据如质物清单等，做好核对工作，并完成单据的传递和交接；

③向公司定期提供报表及其他日常性工作；

④协助人事部门完成监管员的招聘和培训工作；

⑤负责监管员的日常管理、监管点网上点名和网上单据查询工作并做好记录；

⑥收集协议文本、附件和各监管点的表单，进行装订、整理、归档；

⑦负责库内质押管理员的管理工作以及其他相关工作；

⑧如果质押开发部有违反规定的行为，质押操作部有权拒绝操作，如合同不符合要求则应拒绝盖章和出具单据。

质押巡查部的具体岗位职责包括：

①按上述要求对质押开发部的工作进行检查；

②按上述要求对质押操作部的工作进行检查；

③对质押监管点进行检查，包括现场标识、盘点记录和相关表单等；

④二级巡查每月进行一次，并做好相关记录；

⑤对于巡查中发现的问题有权要求相关部门和人员进行整改，并复查，对于整改不到位或问题严重的可以直接向总经理汇报，也可以直接向有关领导汇报。

四、提升质押资产的动态管理水平

作为供应链金融的物质保证，质押资产的流动性是信贷安全的重要指标。为确保质押资产的足值和有效，应实施以下两项管理措施：

1. 对质押资产的选择

在选择质押物时应选择市场需求广阔、价值相对稳定、流通性强、易于处置、可变现、易于保存的产品。为明确质押财产的权属关系，质权人应提供交易合同、付款凭证、增值税发票、权属证明、运输单据等凭证。出资人应严格审核相关凭证，核实实物所有权，避免质押财产所有权在不同主体间流转而引发的权属纠纷。在应收账款质押融资时，出资方应选择交易对手实力强、资信高、双方合作关系稳定、履约记录良好、交易内容和债权债务关系清晰的应收账款；应确保应收账款所附基础合同真实有效，应收账款在债权有效期内，易于背书转让。

2. 对质押资产的价值管理

应建立质押品价格实时跟踪系统，根据各类商品的情况设立价格波动警戒线，一旦价格跌破警戒线，须及时告知交易商收到的保证金或补货情况。同时，要建立对信贷主体销售情况和业务变化趋势的监控机制，定期跟踪其销售情况、财务状况、回款情况等。严格要求其按照销售周期进行统一支付，有效控制质押资产价值变动风险。

3. 对质押资产的过程监控

利用物联网等监管技术对质押物进行实时感知、无缝监管、信息封装及动态登记，并将质押物的物理状态与对应的质押信息绑定，确保质押物的真实性、质押物与仓单的对应性，以及登记信息的唯一性等。

例如，在江阴港口的智能库里，仓库的吊钩、叉车上均布设了物联网仓储质押监管系统。系统通过收集货物的位置移动、重量、立体轮廓、视频等信息，结合入库时录入的卷标号、材质、规格、型号、生产日期、厂牌等信息，综合判断货物的真伪及实时状态。质押货物处于全天候的无缝监管中。

传统动产质押需要每周、每月到仓库进行手工盘点对账，无法有效核实货物是否重复质押、标签与货物是否对板，存在监管时效性差、人工成本高和道德风险等问题。

物联网系统可以实时共享物联网技术采集的各项信息，包括货物在途、入库、监管、仓位、预警及出库等信息，提高了贷后工作的效率，比如贷款资金流向监管、合同与质押物的对应关系验证、远程实时盘点等，且视频和仓位图对每个货物进行了和仓单对应的位置标注，彻底解决了重复质押的问题。据粗略测算，开展线上物联网动产质押融资业务的成本比传统动产质押融资业务要低70%～80%，有效提升了授信客户的体验与业务便捷度。

五、完善对物流企业的监督机制

在供应链融资业务中，物流企业扮演着"监督者""中介"和"信息枢纽"的角色。物流企业不仅受金融机构委托对客户提供的质押物进行专业监管，确保质押物的安全和有效，还掌握了整个供应链上下游企业的发货、运输、仓储等动态信息。

只有通过物流企业，才能实现质押品物流与资金流的无缝对接。然而，在实际操作中，物流企业极容易在有限理性的影响下，出现短视行为。因此，对物流企业的转移管理、监督检查显得尤为重要。

1. 合理选择物流企业

为防止物流企业因操作不规范、管理制度存在缺陷给资金方造成损失，应考虑选择经营规模大、信誉好、资信好、仓储设备专业、管理技术先进、操作规范完善、监管程序严格、从业人员素质高的物流企业。

2. 建立物流企业退出制度

增加检查频次，重点检查物流企业是否严格按照程序保管质押品并出入库，入库台账是否齐全，手续是否完备，质押品是否充足，物品存放方式、外观是否符合要求，日常管理是否到位等。对于不符合管理要求的物流企业，要及时督促其改进，整改不力的，要坚决予以退出。

3. 完善激励与约束机制

采取合适的动态激励和惩罚措施，优化利益分配方式。一方面，降低契约中固定报酬比例，提高激励报酬比例，增加惩罚约束机制；另一方面，将监管报酬与物流企业的监管绩效挂钩，通过设立长期监测系统，及时掌握物流企业监管行为的动态变化趋势，合理调整激励与惩罚约束力度，从而减少监管风险。

4. 完善信息技术

以信息共享为基点，以现代化的信息系统为依托，打造交易平台，实现物流全流程管理，使用物联网技术强化物权管控，使用区块链技术把握交易环节。

六、创建独立的风险管理体系

供应链金融业务具有与传统信贷业务不同的风险特征，在对其进行风险管理时，要创建独立的风险管理体系。

把供应链金融业务的风险管理系统独立出来，可以使风险管理系统的运行更有效率。不以传统的财务指标来约束供应链金融业务的发展，而是引入新的以企业背景与交易实质作为评判因素的风险管理系统。

在发展供应链金融业务的同时，也要注意信用评级系统数据库中数据的积累。供应链金融作为一项新的信贷业务，风险评估模型更是不可或缺的，要投入物力、人力来开发供应链金融风险评估模型，降低风险管理成本，提高效率。

健全的风险管理组织体系是实现全方位、全过程风险管理的组织保障，也是完备的风险管理制度和科学的风险管理流程的基础载体。

思考题

1. 什么是供应链风险和供应链金融风险？

2. 企业进行风险管理的目标是什么？试举例说明。

3. 如何理解供应链金融风险的特点？

4. 供应链金融风险的类型包括哪些？试举例说明。

5. 如何进行风险管理控制？

6. 针对当地开展供应链金融业务的企业，分析其面临的各类风险，并提出可行的风控策略。

第六章
供应链金融的资产证券化

第一节　供应链金融资产证券化的概念

一、资产证券化

资产证券化（asset-based security，ABS）是指将缺乏流动性但具有未来稳定现金流的债券型资产作为基础资产，通过结构重组与信用增级，最终将其收益权包装转化为可供发行和交易的证券产品的融资技术与过程。通过资产证券化，发行人不仅能够盘活流动性差的存量优质资产，以低成本手段拓宽融资渠道、提升融资效率，还能保证投资者与原始权益人的破产风险及资产风险等实现隔离。资产证券化根据基础资产的不同可划分为信贷资产证券化、企业资产证券化、资产支持票据（ABN）和保险资产支持计划。形式多样的产品可以满足不同投资者的风险收益要求。

二、供应链金融资产证券化

供应链金融资产证券化（简称"供应链金融 ABS"）是企业资产证券化的一个细分类型，是随着供应链金融的发展，应收账款的商业保理资产证券化逐渐与供应链金融相结合形成的融资业务。在实际操作中，供应链金融 ABS 以核心企业信用为核心，以供应链上下游的真实交易为基础，以未来交易的现金流收益为保证，对核心企业上游供应商存量应收账款债权展开常态化、可持续的资产证券化，在核心企业进行应付账款和现金流管理的同时，使供应商提前实现未到期应收账款债权[①]。

----

① 李津津. 供应链金融 ABS 解析及对商业银行的启示［J］. 新金融，2018（7）：36-39.

供应链金融 ABS 真实的业务背景、独特的产品设计与发行方式使其在基础资产质量、流动性溢价、可控性与收益率等方面均存在一定优势，因此供应链金融 ABS 是一种符合商业银行稳健风险偏好的标准化金融产品。

供应链金融 ABS 可基于不同的特征进行分类，通常按照发行主体所处行业分为地产供应链类和其他供应链类（如互联网电商供应链）。2016 年，深圳证券交易所支持平安证券和万科推出市场首单供应链金融 ABS 产品，为供应链上下游中小微企业提供了融资服务新路径，自此供应链金融 ABS 发行项目数量快速攀升。由于供应链金融 ABS 与地产行业特性高度适配，因此地产供应链金融 ABS 产品的存量规模占比逐年上升。但随着地产融资政策的调整以及地产行业风险的持续暴露，叠加疫情、消费需求疲弱等负面因素，自 2021 年起供应链金融 ABS 的发行量及市场存量呈急剧下滑趋势，过去地产供应链金融 ABS 产品在存量上的领先优势也开始逐步减弱（见图图 6-1 和 6-2）。

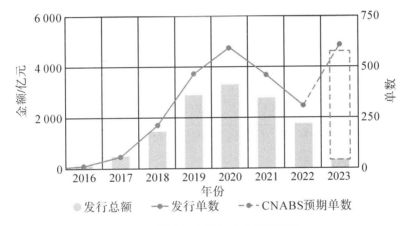

图 6-1　供应链金融 ABS 年度发行量

（图源：资产证券化分析网）

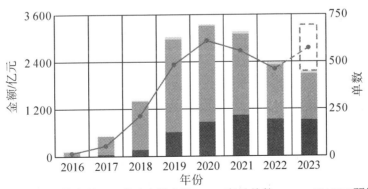

图 6-2　供应链金融 ABS 年末存量

（图源：资产证券化分析网）

第二节 供应链金融资产证券化的过程

一、具体流程

完整的供应链金融资产证券化过程通常包括以下步骤：确定基础资产并组建资产池、设立特殊目的载体（special purpose vehicle，SPV）、资产真实销售、信用增级和评级、发行销售、资产管理、清偿证券等。

1. 确定基础资产并组建资产池

原始权益人需要依据法律法规确定用于资产证券化的供应链金融中所产生的应收账款的范围，并根据融资需求进行定性和定量分析，选择目标资产组成资产池，以便未来产生可预测的较为稳定的现金流。

2. 设立特殊目的载体

SPV 是资产证券化运作的关键载体，需由证券公司或基金管理公司子公司发起设立，其设立目的在于实现发起人需要证券化的资产与其他资产之间的"风险隔离"。

3. 资产真实销售

原始权益人将选定的基础资产出售给 SPV，使得基础资产和原始权益人能够实现隔离，从而使原始权益人通过合法有效的手段规避了基础资产带来的兑付风险。从此专项计划的运行也不再受原始权益人经营状况的影响，当原始权益人出现破产清算时，债权人对项目下应收账款不具有追索权，基础资产可以与企业的破产资产相分离，保障了投资人或证券持有人的利益。

4. 信用增级和评级

产品的发行需要原始权益人提供信用支持，这种信用支持既可以通过证券回购承诺的方式提供内部增信，也可以借助银行或者担保公司提供外部增信，从而确保投资者的利益能得到有效保护并实现。

此外，产品的发行需要信用评级机构对产品的基础资产在未来能够产生的现金流进行评级，以及对经过信用增级后的拟发行证券进行评级，随后向投资者披露相关评级结果。评级越高，发行成本就越低，因此为了降低发行成本，原始权益人会为产品进行增信。

5. 发行销售

SPV 在产品增信和评级后，将产品移交给证券承销机构并在二级市场上发行销售。当证券发行成功后，SPV 将证券发行收入按照事先约定的价格向发起人支付购买基础资产的价款，原始权益人获得资金从而实现融资。

6. 资产管理

资产支持证券发行完毕后到金融市场上申请挂牌上市时，SPV 还需要聘请资产管理机构对资产池进行管理和处置，对资产产生的现金流进行回收。就实际情况而言，该步骤中的专业管理机构一般是原始权益人本身或者其附属机构，主要是便于管理资产。

7. 清偿证券

在实现融资后，还需要对收益进行分配，对资产进行日常的管理，同时在不同账户之间进行划拨和监督，并向投资人还本付息直到专项项目最终完成。

二、核心参与主体

供应链金融 ABS 交易较为复杂，涉及的主体有以下五类：

1. 供应链成员

供应链成员通常包含供应链中的核心企业及其上下游企业。在供应链金融 ABS 业务中，通常是上游供应商与核心企业下属项目公司发生真实交易而形成应收账款债权，具备较高主体信用的核心企业通常作为共同债务人将其自身信用传导至下属项目公司，在为其提供担保的同时，也能更好地进行应付账款的归集与现金流的管理。而该应收账款债权作为资产证券化的基础资产，后续供应商可申请通过保理的形式提前兑现，获得融资款项[①]。

2. 原始权益人（发起人）

原始权益人也称为发起人，通常由以保理公司为代表的机构担任，是转移其合法基础资产用于融资的机构。一般而言，其设立的特殊目的载体（SPV）是形式上的发行人，通过设立 SPV 能够实现原始权益人和基本资产之间的权利关系隔离。当原始资产权益人破产时，既不会影响基础资产本身，也不会影响投资者的权益。在此基础上，资产证券化产品还会通过各种增信手段对证券进行信用增级，因此其产

85

---

① 李津津. 供应链金融 ABS 解析及对商业银行的启示 ［J］. 新金融，2018（7）：36-39.

品信用评级大多远远超过原始权益人的信用评级。

3. 特殊目的载体（SPV）

特殊目的载体（SPV）是为资产证券化产品发行所设立的专门机构，是业务交易结构的核心参与主体。SPV 以发起人转让的基础资产发行证券化产品，帮助原始权益人实现融资。SPV 的交易模式设计好坏直接关系到资产证券化融资成败。

4. 计划管理人

计划管理人通常指为保证资产支持证券持有人的利益，对专项计划进行管理及履行其他法定及约定职责的金融机构，包括证券公司、基金管理公司子公司，以及经中国证监会认可的期货公司、证券金融公司、中国证监会负责监管的其他公司、商业银行、保险公司、信托公司等。

5. 其他服务机构

其他服务机构指参与供应链金融 ABS 业务并提供专业服务的一系列企业、机构和组织，包括资产服务机构、信用评级机构、外部担保机构、资产托管机构、登记结算机构、证券交易所、承销推广机构、律师事务所和会计师事务所等。

（1）资产服务机构。

资产服务机构为基础资产提供管理服务，发起人一般会承担资产服务机构的角色。

（2）信用评级机构。

信用评级机构主要负责对产品进行评级，是为投资者提供投资决策依据的专业机构。通过收集资料、尽职调查、信用分析、信息披露及后续跟踪，对原始权益人基础资产的信用质量、产品的交易结构、现金流与压力测试进行把关，从而为投资者提供重要的参考依据，保护投资者权益，起到信用揭示作用。在实践中，证券产品必须经过信用评级机构的评估之后，才能进入二级流通市场。

（3）外部担保机构。

外部担保机构为证券化资产按时足额偿付提供外部增信（例如不可撤销的连带责任担保）。

（4）资产托管机构。

资产托管机构指为保证资产支持证券持有人的利益，按照规定或约定对专项计划相关资产进行保管，并监督专项计划运作的商业银行或其他机构。

（5）登记结算机构。

中国证券登记结算有限责任公司等证券化资产登记结算机构，负责证券化资产的登记、托管、交易过户、收益支付等。

（6）证券交易所。

证券交易所指证券化资产流通的场所。

（7）承销推广机构。

承销推广机构不仅要承销发行证券化资产，更要发挥交易协调功能。

（8）律师事务所。

律师事务所对发起人及其基础资产的状况进行尽职调查，明确业务参与人的权利义务，拟定相关法律文件，揭示法律风险确保资产证券化过程符合法律法规。

（9）会计师事务所。

会计师事务所须对基础资产财务状况进行尽职调查和现金流分析，提供会计和税务咨询，为特殊目的载体提供审计服务。在产品发行阶段，会计师需要确保入池资产的现金流完整性和信息的准确性，并对现金流模型进行严格的验证，确保产品得以按照设计方案顺利偿付。

三、基本交易结构

供应链金融 ABS 基本交易结构及各方之间的法律关系如图 6-3 所示。

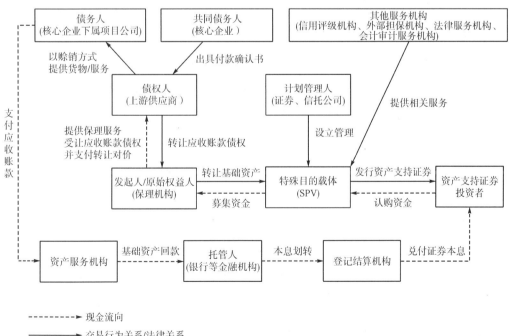

图 6-3　供应链金融 ABS 基本交易结构

第三节 供应链金融资产证券化的收益与风险

一、供应链金融资产证券化的经济效益

1. 市场层面

供应链金融 ABS 作为一种重要的创新业务，增加了我国金融衍生品的种类，拓宽了金融市场的业务范围。它不仅可以增强中国金融市场的活力，而且对一些企业的融资需求也有实质性的帮助。同时，供应链中的金融资产证券化产品可复制性强，适合上架分销。应收账款、保理等不同融资方式下的产品可以与资产证券化产品相结合，既可以降低资金成本，又可以实现供应链金融业务的批量化发展。

2. 供应链系统及各方主体层面

供应链金融 ABS 可以实现参与者的多方共赢和供应链生态的健康发展。

对于参与企业而言，供应链金融 ABS 有助于上游企业拓宽融资渠道，缓解融资贵、融资难问题。一般来说，发行供应链金融 ABS 产品的底层资产通常是规模较大、实力较强企业的应收账款。因此，通过组织批量发行供应链金融 ABS 产品，相当于为其上游供应商提供了一条便捷、稳定的融资渠道。供应商可通过将应收账款转让给保理商的形式回款，从而将流动性较差的应收账款变现为具有较高流动性的货币资金，在盘活资产的同时降低了资金占用成本。同时，资产证券化也为企业开辟了除银行贷款、发行股票和债券以外新的融资渠道。通过资产证券化企业可以降低资金成本，提高经营效率，以较低的成本在很短的期限内达到高效融资的目的，从而缓解融资难、融资贵的问题。长期来看，该模式的应用能够助力中小供应商提高企业竞争力。

对于核心企业而言，可以通过此方式延长付款账期，缓解流动性压力，而且发行供应链金融 ABS 对其资产负债表不存在直接影响，有息负债需求的下降可以节约财务费用。由于传统延期支付工具（信用证、商业汇票等）会占用企业授信，或增加有息负债，或有保证金要求，而通过发行供应链金融 ABS，可在不改变核心企业会计科目的前提下，帮助企业获得融资。若能实现"出表"，则证券化交易被认定为销售性质的交易，交易获利被确认为销售收入计入利润表，流动性低的基础资产

转换为了流动性高的现金资产和自持证券。

对于供应链整体而言，供应链金融 ABS 的应用能够帮助企业做好账期管理，维护供应链生态稳定。由于核心企业对整个供应链的增信，以及核心企业的有效风控模式，供应链中的金融资产证券化产品可以获得较高的信用评级。与此同时，供应链金融 ABS 在帮助上游供应商提前回款的同时，助力核心企业拉长应收账款账期至一年甚至更长，有利于核心企业管理账期，优化现金流管理，构建稳定、持续、健康的供应链生态。

对于原始权益人而言，资产"出表"有效地改善了企业资产负债结构，提高了资产流动比率和速动比率，提升了企业整体信用等级和偿债能力。并且由于上下游供应商的资金流转状况得到改善，其对供应商的占款偿还压力也进一步降低。

而对于证券公司而言，资产证券化对证券公司的业务收入增长、资产管理、投行和经纪业务的发展都具有重要的现实意义。资产证券化业务成为证券公司业务收入新的增长点，不但可以拓宽受托投资管理业务的范围，更可以增强资产管理业务的竞争能力。资产证券化不局限于企业当前的业务能力，而是将资产范围延伸到企业某项资产的未来现金流。证券公司可以根据投资者的需求设计个性化产品，从而提升资产管理业务的竞争力。

二、供应链金融资产证券化的投资风险

供应链本身将初级生产、再生产以及生产性服务业紧密串联为一体，导致供应链金融业务的运行较为复杂，加之 ABS 的产品设计特性，因此供应链金融 ABS 的风险特殊性主要存在于以下三个方面：

1. 行业风险

行业风险主要体现在行业景气度波动引发的兑付风险和基础资产行业集中度较高的风险两个方面。

行业景气度波动风险主要指宏观经济波动、产业政策调整等因素对行业产生的不利影响，可能致使某一产业链失去竞争优势。以地产行业为例，由于房地产企业普遍具有高杠杆、资金密集的特点，在房产弱市的环境下地产开发商的履约能力将受到严峻挑战，继而导致开发商保理资产证券化产品兑付困难或出现系统性的兑付压力[①]。

---

① 丁盛，郭杰群. 防范供应链金融 ABS 风险［J］. 中国金融，2020（1）：75-76.

而行业集中度风险主要体现为在供应链金融 ABS 业务的实际操作中，对于那些与经济周期密切相关的行业，特别是当宏观经济处在下行周期时，基础资产容易受到传导性风险影响，该风险甚至会在供应链的传导效应下愈发扩大。以行情呈现极强周期性的地产行业为例，由于供应链应收账款的直接债务人主要集中在房地产行业和建筑行业，行业集中度很高，行情下行对债务人偿债能力的削弱可能对基础资产质量造成不利影响①。因此在未来进行供应链金融相关的基础资产筛选及合格标准制定等方面须特别关注产业空间大、基础条件较好的产业链，从而尽可能地从资产配置角度分散风险。

2. 信用风险

供应链金融 ABS 信用风险具有典型的系统性特征，突发性强、破坏性大、扩散性强、单个主体难以抵抗。供应链金融 ABS 信用风险主要包括核心企业的信用风险及其合作机构的信用风险。核心企业在供应链金融 ABS 中担当了整合供应链信息流、资金流、物流的关键角色，代表了供应链的核心价值，因此核心企业的信用风险极易通过供应链关系及融资工具传导至上下游企业，进而影响供应链的整体安全性，甚至导致整个供应链的危机，形成系统信用风险。核心企业的信用风险体现在其对底层资产的确权和贸易真实性两个方面。

从确权上看，货物贸易确权相对简单；但服务贸易由于大量应收账款的边界比较模糊，确权相对比较困难。实际上，房地产行业中工程类企业的应收账款需要通过完工百分比的方法核算，很难标准化。软件外包或系统集成类企业的确权也存在同样问题。

从贸易真实性上看，由于核心企业与上游企业之间往往存在极强的利益一致性，因此，需要警惕双方合谋作假、套取资金的情况出现。其风险的核查一般通过销售合同、发货清单等文件来进行。由于基础资产种类较多，信息共享和管理核验难度大，因此贸易真实性存在较大不确定性，导致优先级的投资安全性无法得到相应的保障。因此，适合作为供应链金融 ABS 核心企业的通常为主体信用评级高、行业前景稳定的龙头企业，其具备突出的产品优势、良好的偿债能力与盈利能力。

合作机构的信用风险主要体现为保理公司资质问题。保理类供应链金融 ABS 的资金直接付给保理公司而非底层的付款方，银行受让的是保理公司的应收账款或收

---

① 房丽媛，张子彪，程雪. 供应链金融保理资产证券化的应用与发展［J］. 金融市场研究，2018（3）：33—40.

益权。而在后续回款过程中，资金要通过保理公司转付，从而涉及保理公司运作的规范性问题。保理公司的信用风险和其他业务的风险可能会传递至所投资的ABS中。

3. 交易结构风险

供应链金融 ABS 的交易结构风险主要为循环购买风险。因为以应收账款为代表的基础资产账期通常较短，但融资人希望产品的期限更长，所以一般会采用循环购买的结构设计解决资产端与产品端期限不匹配的问题。而在循环购买期间，ABS 产品可能面临资产质量下降甚至新增合格资产不充足的风险[①]。同时，若原始权益人经营不善，则会出现业务规模下降甚至新增合格资产不充足的情况。在 ABS 产品中应设置循环期基础资产合格标准和加速清偿条款，以缓释循环期风险，保护投资人利益。

第四节　供应链金融资产证券化的案例
——G 企业供应链金融资产证券化

房地产行业融资需求旺盛，并经常受到地产调控和监管政策影响，对融资渠道多样性的诉求较高。作为盘活存量资产、优化财务杠杆的重要手段，资产证券化在房地产经营的各环节融资中得到了较为广泛的应用。供应链金融 ABS 作为目前市场上最主流的房地产 ABS 品种，源于上游供应商对房企项目公司的应收账款。该融资方式具有不占用发债额度、相对宽松的资金用途等方面的优势，因而成为房地产企业重要的融资渠道之一。

一、企业简介

G 企业作为中国规模最大的房地产公司之一，位列世界 500 强，主要经营业务是房地产投资与开发。其发行的供应链金融 ABS 产品是市面上较为常见的供应链金融 ABS 产品，即以房地产供应链为依托，将供应商对 G 企业下属公司的应收账款作为基础资产。该产品自 2016 年发行至今已经拥有数百亿元的规模。由于其具备标准

---

① 温胜辉. 供应链金融 ABS 解析 [J]. 债券，2017，64（10）：69-74.

化的特征，二级交易也相对较为频繁。

二、G 企业供应链金融 ABS 案例分析

1. 交易流程

房地产供应链金融 ABS 将房地产的供应链优势嵌入 ABS 业务中，是供应链金融 ABS 业务形态的一种分类①。其交易流程可以基本概括为：上游供应商将对房企项目公司的应收账款转让给保理公司，保理公司再将购买的房企应付账款组合转让给 SPV，SPV 以此为基础资产发行 ABS。而房企往往作为共同债务人、差额补足承诺人、流动性支持方等提供增信。以 G 企业 1~10 期供应链金融 ABS 项目为例，其专项计划的项目交易结构如图 6-4 所示。

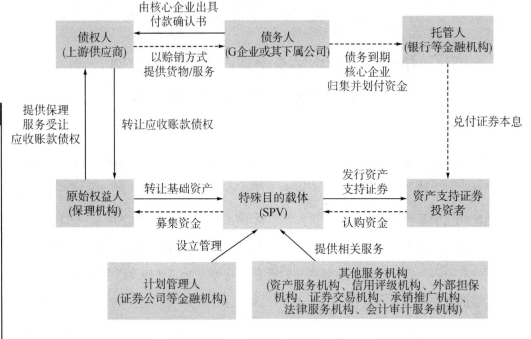

图 6-4 G 企业供应链金融 ABS 的交易结构

具体操作流程如下：

（1）基于供应链真实交易形成应收账款。

供应商向供应链中的核心企业 G 企业集团下属的项目公司提供货物或服务，形成对其的应收账款。

---

① 朱明. 房地产企业供应链金融保理：模式、架构及风险管理［J］. 上海金融，2019，467（6）：78-83.

（2）核心企业进行付款确认。

项目公司作为债务人、G 企业集团作为共同债务人共同向供应商出具付款确认书，债务人承诺到期履行还款义务，当无法履约时则由共同债务人补足剩余欠款。

（3）供应商转让应收账款债权，获得保理融资服务。

供应商将该应收账款出售给 G 企业指定的保理公司以获取融资，保理公司作为原始权益人拥有该债权。

（4）设立特殊目的载体并发行证券产品。

证券公司设立特殊目的载体（SPV）并担任计划管理人；保理公司将债权打包转售给 SPV，自己仅作为基础资产的日常管理方而非权益所有方。债权经一系列中介服务机构设计包装后，形成供应链金融保理资产支持证券产品并向市场投资者发行。投资者认购该产品所支付的认购资金为发行收入，用于支付基础资产（债权）转售时发生的对价。

（5）偿付投资者本息

当应收账款到期时，G 企业集团归集欠款并将还款资金放入托管账户，由托管机构向投资者兑付证券本息，剩余部分返还给保理机构作为资产服务费。

2. 产品优势分析

G 企业组织发行的该供应链金融 ABS 产品兼具供应链金融和资产证券化的双重优势，更加突出房地产企业作为核心企业的主导地位，在发挥核心企业良好信用优势的同时满足房地产企业账期较长、融资规模大的需求。该产品具有以下优势：

（1）发挥核心企业的主导优势，促进全供应链健康发展。

在房地产项目开发过程中，通常是设立下属项目公司进行房地产开发，而项目公司一般资信水平相应较低，信用风险较大。而 G 企业作为房地产供应链中履约能力较强、信用风险较低的核心企业，作为共同债务人能够有效将分散在各项目公司的应收账款汇集到集团公司，进而依托供应链传导效应实现主体信用共享，为产品提供持续增信。此外，G 企业通过供应链金融 ABS 业务，向其上游供应商持续提供便捷稳定且低成本的融资解决方案，在加强同上游供应商之间的协同的同时，有效地促进了全供应链稳定健康发展。

（2）基础资产同质性强，融资效率高。

证券化产品中基础资产作为影响产品风险的关键因素，若是基础资产类型丰富、缺乏同质性，无疑会增加产品风险、提高融资成本、降低融资效率。在房地产供应链金融 ABS 中，基础资产均为房地产企业下属公司供应商的应收账款，主要是供应商为其提供工程服务的工程款或销售货物的货款，具有较高的同质性，满足储架发行的相应条件。与一般发行方式相比，储架发行为一次核准、多次发行，缩短了产品的发行周期，提高了融资效率。

此外，供应链金融 ABS 具有较强的信用债属性，因此其兑付主要取决于房企是否履约。但考虑到 ABS 较一般信用债更具价格优势，且 G 企业作为业内具有突出品牌竞争力、良好资产状况、充足流动性及稳健投资发展政策的优质房产企业，供应链金融 ABS 的基础资产为 G 企业与上游供应商之间的一年期应收账款债权，交易背景真实，合同条款标准化程度高，回款稳定。综合来看，项目投资风险稳定，具有较高的融资效率。

（3）延长房企账期，拓宽融资渠道。

在通常情况下，房地产企业应在供应商完成合同约定的工程进度之后向其支付工程款，理论上应及时支付，但在实际工程项目中一般是按月或按季在固定时间支付，账期较短。而根据房地产企业已发行的 ABS 产品来看，期限一般为 1 年左右，房地产企业在向供应商出具付款确认书时便对应收账款做了处理，应收账款得以延期，这就使得作为基础资产的应收账款债权的账期在 SPV 中同样也为一年左右，原本需要在较短时间内支付的账款得到了延长。这无疑加强了房地产企业对供应商的占款能力，缓解了资金流压力，在本质上实现了变相融资。在"三道红线"的制约下，ABS 融资对应的资产是 G 企业表内的应付账款，既不占用发债额度，也没有资金用途的限制。这类表外融资模式能在一定程度上优化房地产企业的财务报表。此外，与单纯的保理模式相比，资产证券化融资规模大、资金来源广，不占用房地产企业的融资发债额度，资金用途也不受限制，更能满足房地产企业对资金的需求。

第五节 供应链金融资产证券化的发展方向

一、互联网电商的供应链反向保理

供应链金融能有效弥补互联网渠道的扁平化缺陷。互联网供应链金融 ABS 基础资产通常为小额贷款。互联网供应链金融 ABS 不仅拓宽了小微企业的融资渠道，还降低了融资成本。保理 ABS 产品可充分利用互联网金融成本低、效率高、发展快的优势，并结合供应链金融贸易自偿性和大数据风控模式，减少管理弱化、风险大的劣势，提高资产池质量。京东金融–华泰资管保理合同债权 ABS 是国内资本市场首单互联网保理业务 ABS。基础资产是京东金融供应链金融业务"京保贝"的债权。"京保贝"是互联网模式下的供应链保理融资业务，服务于京东商城供应商及其他电商平台客户。未来将出现互联网电商作为核心企业的供应链反向保理 ABS。

二、引入区块链技术

供应链金融 ABS 基础资产多为债券类资产，而区块链技术无须借助第三方呈现交易对手信用历史。区块链技术与 ABS 相结合，解决了各方对底层资产质量真实性的信任问题。针对应收类 ABS 普遍存在的信息不对称等信用问题，如保理债权，区块链的引入使得供应链上每笔交易都得以录入并开放给所有参与者，提升了底层资产的透明度和可追责性。随着区块链和科技金融技术的快速发展，未来的供应链金融将不断创新，有望成为资产证券化领域的蓝海。2017 年 5 月，深圳证券交易所挂牌成立了德邦证券浙商银行池融 2 号资产支持专项计划。这是首单区块链供应链金融 ABS 产品。该系列产品由浙商银行与德邦证券联手打造，涵盖了国内信用证类资产、银行付款保函类资产、电子银行承兑汇票类资产、电子商业承兑汇票类资产四种不同贸易融资应收账款的储架式资产证券化项目。项目运用区块链技术，可以为应收账款、票据、仓单等资产确权（不可篡改、透明化数据），从而进行保理、贴现、质押等资产交易（减少中间环节、帮助企业融资），并且留下数据存证（电子合同、关键数据、身份信息），防止票据作假、重复质押等风险发生（永久审计追踪）。

综上，将区块链技术应用于 ABS 设计中，能够实现对基础资产形态转化流程的高效管理，从而对放款、还款、交易或者逾期等金融操作风险进行精准评估，提升 ABS 的风险评估置信度和评估效率。同时，对于投资者和监管机构来说，区块链技术使信息难以篡改，可以有效提升 ABS 产品的投资透明度，帮助明确产品风险及收益。

思考题

1. 供应链金融 ABS 产品交易结构设置的特点有哪些?

2. 供应链金融 ABS 的风险为何特殊? 如何控制潜在风险?

3. 结合业态及技术应用上的创新, 谈谈供应链金融 ABS 还可能有哪些新的发展方向。

第二篇　实务案例

第七章
行业供应链金融实务案例

第一节　物流服务类企业供应链金融案例

一、传化的供应链金融模式①

传化集团创办于 1986 年，涵盖智能物流、科技城、化工、现代农业、金融投资五大事业板块。传化金融源自物流、服务于物流。传化金融目前已经获得第三方支付牌照、保理牌照、租赁牌照、保险经纪牌照。传化商业保理有限公司为传化智联旗下全资子公司，公司依托平台数据资源，以金融科技手段为支撑，以应收账款管理为基础，在解决中小物流企业融资难题的同时，为其提供卡车分期、保险等一揽子金融解决方案，以及运力、仓储、系统、货源等配套增值服务，从而实现与中小物流企业的战略合作。

传化商业保理有限公司依托布局全国的线下实体传化公路港，并在实践中探索出"1+N"模式对客户进行授信与管理（有效利用线上数据、积极采集线下数据并向线上转化），通过快速的审批流程、灵活多样的保理产品满足中小物流企业"短、小、频、急"的资金需求。传化商业保理有限公司通过日益丰富的线上数据和逐步迭代的客户评价模型，在完成前端客户筛选的同时，将逾期率控制在了较低的水平。物流运输行业里面中小企业居多，它们的资金成本非常高，资金利用效率很低。据有关部门估算，每年我国物流企业的贷款融资需求在三万亿元以上，目前被传统金

---

① 优秀案例-传化智联：物流金融创新服务［EB/OL］.（2022-08-08）［2024-11-27］. https://www.sohu.com/a/575174735_100188266.

99

融机构满足的需求不足 10%。传化商业保理有限公司深耕物流行业，根据物流行业特性，结合客户实际情况，打造了"运易融"等明星产品。

1."运易融"融资业务模式

"运易融"是针对中小微企业资金短缺，且融资难、融资贵的问题，为体系内外、第三方物流及中小专线物流企业、车队等，量身打造的一款基于运费贴现服务的纯信用、低利率金融产品，具有额度高、利率低、期限长、纯信用、还款便利等优势。

"运易融"的业务流程如下：

①上游货主（买方）与物流企业（卖方）发生物流交易活动，产生应收账款。

②物流企业将上游货主通过赊销产生的应收账款出售给保理公司。

③保理公司对物流企业进行尽职调查，保理公司对物流企业完成授信签约。

④物流企业向保理公司和上游货主确认转让应收账款的情况。

⑤物流企业做出付款承诺，保理公司发放"运易融"贷款给物流企业。

⑥上游货主到期支付物流企业运费。

⑦借款到期后，物流企业（卖方）偿还保理公司本息和。

上述流程可以用图 7-1 表示。

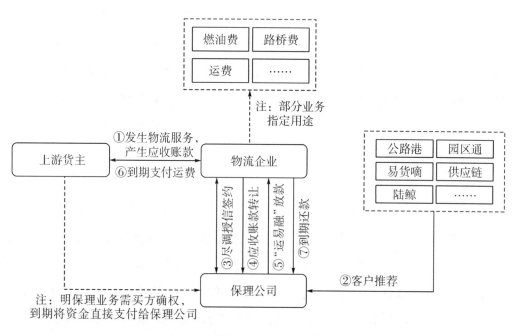

图 7-1 传化"运易融"业务模式

2."运易融"融资典型案例

2017 年 8 月，传化商业保理有限公司对杭州某车队型物流公司（顺丰下游大型承运商）进行"运易融"授信1 000万元。2017年11月中旬，传化商业保理有限公司通过后台GPS系统数据运行情况，获知该物流公司"双11"期间，业务量增长迅速，垫资压力较大，第一时间根据该物流公司业务情况为其增加400万元临时授信额度，用于"双11""双12"业务高峰期间的运费垫资，最大限度地满足了客户的融资需求。与此同时，依托传化智联平台优势，传化商业保理有限公司通过协调，为该物流公司调配300平方米修理场地、18间员工宿舍，解决了该公司经营发展中的重大难题。

二、普洛斯的供应链金融模式

普洛斯（GLP）的前身为1991年成立的安全资本实业信托公司（Security Capital Industrial Trust），投资领域比较多元化，既包括工业地产，也有购物中心、写字楼等。当时的美国经济高速发展，对物流设施的需求量很大，普洛斯将工业地产市场进行了再度细分，专注于提供物流设施并快速崛起，物流配送设施网络遍布北美、欧洲和亚洲。1998年7月，公司改名为普洛斯信托公司。2001年7月，普洛斯首次进入亚洲的日本市场。2003年，普洛斯（中国）成立，5年内便在中国19个城市建立了50多个物流中心。2008年，美国次贷危机爆发，普洛斯总部在金融危机中遭到重创。12月，新加坡政府产业投资公司（GIC）花费13亿美元现金收购了普洛斯在中国和日本的资产。2010年10月，普洛斯在新加坡上市，到了2017年的7月，以万科为首的中国财团以116亿美元对普洛斯进行收购，并从新交所退市。目前普洛斯已经成为全球领先的专注于供应链、大数据及新能源领域新型基础设施的产业服务与投资公司。其具体业务领域主要包括：物流及工业园区、科创园区和商业办公楼、数据中心、光伏设施、科技及服务（资产运营、产融科技、冷链、供应链服务、创投等）。其业务遍及亚洲、欧洲及美洲的17个国家和地区[①]。

普洛斯供应链金融业务的实施主体是成立于2016年的普洛斯产融科技有限公司［曾用名为普洛斯金融控股（重庆）有限公司，以下简称"普洛斯产融科技"］。普洛斯产融科技基于普洛斯强大的产业背景，是普洛斯旗下连接产业端与金融机构的科技服务平台，致力于以物流及金融服务为中小企业赋能，为产业链降本增效、金融市场效能升级提供数字化的解决方案。普洛斯产融科技深入产业场景，凭借创新的场景验真、数字运营、资产监管等方面的数字供应链金融科技解决方案，联合金

---

① 关于普洛斯［EB/OL］.［2024-12-20］. https://www.glp.com.cn/about/glp.html.

融机构为产业链上的核心企业及其上下游中小企业提供优质、高效的融资体验①。

普洛斯产融科技业务架构如图 7-2 所示。

图 7-2　普洛斯产融科技的业务架构

普洛斯产融科技提供的供应链金融服务产品主要包括：货物融资（含货物代采服务和货物质押融资服务）、核心企业供应链融资（含应收账款融资服务、运费垫付服务）、设备融资租赁服务以及场景信贷融资（含车险分期服务）。典型的供应链金融业务案例如下②：

1. 普洛斯轮胎业务案例

以普洛斯（GLP）的轮胎供应链金融业务为例，普洛斯主要提供代理采购、商业保理等相关服务产品。

（1）代理采购。

融资方式为承兑汇票（主要）或现金。存款金融产品的保证金比率为 20%～30%，融资期限为 90 天。质押形式是融资企业以不超过 70% 的质押率对货品进行质押。主要流程为：

①GLP 从上游厂家采购货物；

②背靠背销售给融资企业；

③在到期日，融资企业以电汇形式一次性还本付息。

（2）商业保理。

融资方式是现金，融资期限为 90 天。质押形式为融资企业以不超过 70% 的质押

①　普洛斯产融科技［EB/OL］.［2024-12-20］. https://www.glpfinance.com/company.
②　普洛斯：用数据驱动依托产业的供应链金融［EB/OL］.（2017-12-06）［2024-12-20］. http://k.sina.com.cn/article_3781935387_e16bc11b001001ze3.html.

率对货物进行质押。主要流程为：

①融资企业转让其应收账款给 GLP；

②GLP 将应收账款对应资金支付给融资企业；

③在约定期限内，融资企业的下游客户还款到 GLP 指定的融资企业在银行设立的虚拟账户；

④在到期日，GLP 从融资企业虚拟账户里扣除本息。

2. 普洛斯设备融资租赁案例

为扩大冷链业务，某冷链企业在租用普洛斯仓库后仍须承担冷库设备改造的费用，总投入约 700 万元，对其来说是一笔较大的资金投入。GLP 根据其经营特性提供 3 年期冷库设备改造融资租赁方案，冷链公司只需支付整体设备款 30% 的首付款即可进行冷库改造并入驻使用。三年租赁期内冷链公司向 GLP 按月支付租金，租赁期结束后可获得冷库改造设备所有权。

该方案的优点包括：

①解决企业资金缺口，支持企业发展；

②为客户提供一站式高标准仓库+库内设备+配套资金的综合解决方案。

103

三、怡亚通的供应链金融模式

怡亚通成立于 1997 年 11 月，是中国首家上市供应链公司（股票代码：002183）。公司主要股东为深圳市投资控股有限公司、深圳市怡亚通投资控股有限公司、深圳市投控资本有限公司等。目前怡亚通参控股比例 10% 以上的企业有 35 家。怡亚通的商业模式如图 7-3 所示。

图 7-3　怡亚通的商业模式

根据怡亚通2020年企业年度报告，公司业务分类为深度分销+营销业务、品牌运营业务。

深度分销+营销业务的主要子业务品种为广度综合商业服务平台和380新流通服务平台。广度综合商业服务平台分为广度供应链服务和综合商业服务。广度供应链服务主要提供采购/销售服务、产品直供服务、库存管理（VMI）服务、平台+营销合伙人服务。综合商业服务以输出品牌、商业模式、运营及风控管理、信息化大数据管理及共享团队的方式，联合各地政府/国资平台共同出资成立平台公司。380新流通服务平台主要分为380分销业务和新零售业务两个板块。

品牌运营业务模式以380新流通服务平台形成的终端平台作为载体，建立媒介投放渠道；通过数字化转型，将线下品牌商、分销商、消费者向线上转移，建立具有B2B2C、O2O线上交易、社交属性的生态链平台，形成数据驱动，有效为客户提供品牌管理、营销策划、反向选品、分销、零售等全流程服务。

1. 怡亚通供应链金融业务的特点

怡亚通的供应链金融服务主要围绕以宇商金控为主体的供应链平台来实现，通过聚集物流商、仓储商、征信服务商、行业资讯公司、软件支持商打造金融科技平台，为外部金融机构（银行、保理公司、基金公司等）提供供应链资金穿透服务，使其能获取清晰的客户画像，从而为品牌商、渠道商、终端小店、消费者提供配套的金融服务[①]。

怡亚通开展金融业务时依托的载体主要是一站式供应链管理服务中的两项核心业务，即采购和分销，即通过采购和分销介入商流，在此基础上延伸出资金流融通服务。在这种产融运作模式中，怡亚通需要提供资金结算及代垫费用的服务，包括为上游品牌商支付现款采购商品，为下游终端垫资。怡亚通将银行借贷资金通过供应链管理服务方式投放给客户，并从中赚取"息差"，同时，不断提高应收款周转次数以获取更高的息差收益。

2016年3月，宇商供应链金融服务平台发布了最新战略——"供应链金融2.0版"，称在国内首创了"1+N+L"模式。这一战略有别于传统的围绕核心企业"1"来满足上下游客户（"N"）的融资需求的模式，其产品设计在满足终端客户"L"

---

① 怡亚通：供应链龙头的转型之路［EB/OL］.（2021-09-12）［2024-12-07］. https://baijiahao.baidu.com/s？id=1709750566383960089&wfr=spider&for=pc.

的需求、客户营销及风险控制等方面更具特色①。怡亚通认为这样做的主要原因如下：

①在传统的供应链金融模式的基础上，引入物流金融及金融物流，形成"1+N+L"模式，确保了供应链金融核心商流、物流、信息流、资金流的"四流"合一。

②营销模式上做了深刻的变革，由原来的围绕核心企业"1"，演变成通过核心企业上下游及物流公司来拓展客户。

③依托互联网和线上线下共通应用场景的O2O供应链金融，综合运用小额贷款、保理、网络小贷、融资租赁等各种金融工具，更好地满足客户的多种金融需求。

升级后的怡亚通供应链金融具有以下特点：

（1）丰富的服务。

发展丰富的供应链金融服务的能力，并且这种能力具有很好的内涵与广度。实际上这意味着未来在打造供应链金融时，它不再是一个局部的供应链体系，很可能会涉及B2B、B2C，甚至跨不同领域形成完整的闭合回路。这也是供应链金融未来发展的方向，即通过非常多的供应链金融产品和增值服务来加强线上和线下的联系。

（2）客户黏合。

做供应链金融时须渗透到客户供应链底层，并且透过底层服务产生价值和渠道。通过打造开放的供应链金融服务平台，帮助企业低成本、高效率、有保障地开展供应链运营，甚至进行再创业。

（3）产融回路。

产融回路能够提升供应链生态与金融生态良好结合、互动的能力。产融回路要实现产业与金融、生活与金融、互联网与供应链（包括金融活动、消费生活、生产经营、沟通社交这四个方面）的循环。

（4）运用大数据。

通过供应链运营和其他各种渠道获得相应的结构和非结构、静态和动态、生产和生活数据的能力。当然，除了传统的数据运营，以及从第三方处获得的数据外，还需要嵌入客户的网络中，或者在提供底层服务的过程中获得数据。

（5）共同进化生态。

提升供应链聚合多样性主体的能力，特别是聚合三大产业供应链中的直接和间

---

① "HN+L"模式供应链金融怡亚通打造独角兽［EB/OL］.（2016-08-29）［2024-12-07］. https://www.sohu.com/a/112538557_390546.

接参与者的能力。整合供应链上各利益相关者，共同发展，协同创新，打造一个以产业为核心的供应链金融生态圈。

现阶段，根据怡亚通商业模式的场景变化和金融科技系统的完善程度，供应链金融服务平台从小微线上贷款入手，开始向大额分销贷款、代采快贷、应收账款池保理融资等上游融资产品延伸，形成围绕供应链实际场景的 N 个金融产品服务矩阵。这些产品根据运营情况也在不断迭代、创新。各项产品相互结合，如保理与小微贷款结合，可提供更加长期和便捷的金融服务。为了让供应链中的每笔交易都有相应的金融解决方案，怡亚通以宇商金控为主体打造了"流通保"金融科技平台①，如图 7-4 所示。

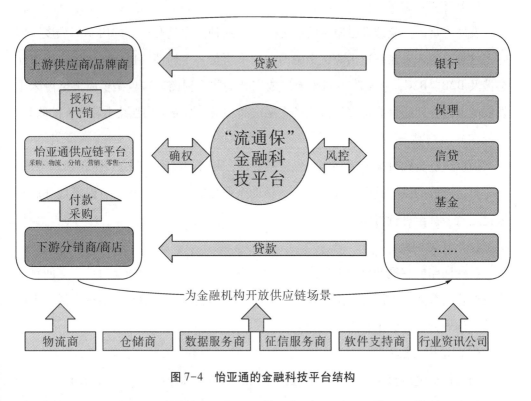

图 7-4 怡亚通的金融科技平台结构

2. 怡亚通供应链金融业务的困境

怡亚通供应链金融模式中企业需要借助规模化的贸易获得银行贷款，并且持续扩大的垫资使负债快速增长。资金流是怡亚通供应链金融模式的核心环节。公开资料显示，敦豪与联合包裹快递等都通过收购控股商业银行为物流业务提供资金支持，

---

① 怡亚通. 调整供应链金融业务模式，由金融模式变成金融服务模式［EB/OL］.（2020-04-09）［2024-11-27］. https://m.sohu.com/a/386552423_272644/? pvid=000115_3w_a.

保证资金流的稳定与持续。作为本土物流企业，国外同行的这一模式对怡亚通而言几乎是不可能模仿的。

虽然在为客户代付之前，怡亚通会对客户的资信状况进行严格筛选、控制代付比例，并对相关货物的变现能力提出较高要求，但因代付金额远远超出公司净资产和营业收入，所以任何一次的收款不畅，都将给公司资金链带来较大打击。由于对现金的需求量较大，怡亚通在运作过程中出现了下游应收账款及上游货物存货成本增加的现象，公司资产负债率居高不下，应付账款、公司销售商品与提供劳务收到的现金、存货周转率的增速均在下滑。

2018 年怡亚通资产负债率高达 80%，处于破产清算的边缘，最终得到深圳国资委救助。此后，怡亚通便开始不断收缩金融业务，原因主要包括两点①：①受到国家去金融杠杆的宏观政策影响，整个金融行业的环境有所变化，融资成本上升，公司基于风险控制考虑，主动收缩金融业务；②对于类金融企业的归类考量，当一家企业的金融业务利润占比超过一定比例时，会被归为类金融企业，进而影响公司再融资能力，因此公司主动收缩了金融业务，以确保公司未来业务的平衡及正常发展。

怡亚通曾经手握小额贷款、网络小贷、保理、融资租赁等多种金融业务的经营许可证。2019 年怡亚通开始陆续剥离旗下类金融资产，如挂牌转让控股子公司深圳前海宇商保理有限公司 11% 的股权；挂牌转让全资子公司深圳市宇商小额贷款有限公司（"宇商小贷"）和深圳市宇商融资租赁有限责任公司（"宇商融资租赁"）100% 的股权。

第二节　零售类企业供应链金融案例

一、永辉金融的供应链金融模式

永辉超市成立于 2001 年，2010 年在 A 股上市，是中国企业 500 强之一、国家级流通及农业产业化双龙头企业。永辉超市是中国大陆首批将生鲜农产品引进现代超市的流通企业之一，被国家七部委誉为中国"农改超"推广的典范，通过农超对接，以生鲜经营特色及物美价廉的商品受到百姓认可。自创办以来，永辉超市持续

① 深圳国资再次加码，"中国供应链第一股"怡业通前三季度营收暴涨［EB/OL］.（2021-11-21）［2024-11-27］. https://baijiahao.baidu.com/s? id=1717034052125068193&wfr=spider&for=pc.

高质量发展。截至 2022 年年底，永辉超市已在全国发展超千家连锁超市，业务覆盖 29 个省份，近 600 个城市，经营面积超过 800 万平方米。在 2022 年《财富》中国 500 强榜单中，永辉超市位居第 152 名。

永辉金融的业务由永辉超市于 2015 年 8 月份成立的金融事业部负责，隶属于永辉集团第三业务集群，总部位于上海。永辉金融定位于"供应链为基础的金融服务"，围绕永辉生态，聚焦产业优势，致力于满足国内流通产业中零售业供应链上小微企业和涉农企业在发展过程中的金融服务需求，是国内领先的食品生鲜行业金融服务商。其发展历程如下：2016 年 3 月在重庆成立永辉青禾商业保理（重庆）有限公司，获得商业保理牌照。2017 年 1 月与阳光控股、福建永荣控股共同发起设立的福建华通银行开业。2017 年 4 月重庆永辉小额贷款有限公司成立，获得全国互联网小贷牌照。2018 年 1 月，永辉金融实现业务收入突破 100 亿元目标。同年 10 月，永辉金融全国首家金融超市旗舰店于重庆永辉生活广场内试运营。2019 年 12 月，永辉云金科技有限公司在重庆市江北区成立并作为永辉金融总部机构。

1. 业务版图

2019 年成立的永辉云金科技有限公司逐步吸收合并了永辉金融板块下现有的商业保理和小额贷款公司，从而同时拥有保理和小额贷款的双牌照资质，已推出两大类金融产品：

一是 B 端企业金融产品。"惠商超"是一款支持永辉超市等线下 50 家连锁零售商超企业以及线上三家零售企业（苏宁、京东、天猫）的应收账款融资产品。其运用大数据、云计算技术线上评估额度，实现对全渠道零售体系中供应商的快速放款，是食品生鲜行业首个移动智能供应链金融产品。

二是 C 端消费金融产品，主要分为"小辉付""小辉贷""小辉宝"三类。其中，"小辉付"是针对个人消费者的信用支付产品，"小辉贷"是面向永辉超市会员发放的大额现金贷，"小辉宝"则属于存款类投资理财产品。

2. "惠商超"

"惠商超"App 上线于 2016 年 9 月，是永辉推出的首款针对全零售体系的线上供应链金融产品。服务对象是为各大零售连锁商超体系供货的供应商、经销商、代理商和分销商等，属于有追索权的应收账款转让融资[1]。目前"惠商超"已接受 50

---

[1] "慧商超"App 上线啦！！！——全零售体系全线上应收账款融资［EB/OL］．（2016-12-14）［2024-11-27］．https://mp.weixin.qq.com/s/B-F9KuothuwDsnMYg_4iNQ.

等进行交叉验证；其次，考量企业主、股东和实际控制人等的个人信用；最后，评估企业信用等。同时，为了锁定经销商的还款来源，永辉金融会在事前与经销商签约，设置由永辉金融控制的虚拟子账户，经销商会在到期日将账款还至该虚拟子账户。

本次协议的签订与执行是永辉金融与国内一线品牌商建立深度合作关系的一次成功尝试，不仅为永辉金融获取了大量优质客户，更为永辉金融此后布局全零售行业的供应链金融战略打下基础。但值得注意的是，永辉超市旗下的云金业务板块（原永辉金融）近年来受宏观经济形势和行业监管政策的影响，资产规模和利润总额已逐步缩小（见表7-1）。永辉超市作为行业龙头，在大举开展多元化经营的同时，需要进一步探索如何将供应链金融业务、集团战略布局和现金流合理匹配，并时刻警惕云金业务板块融资创收不足可能招致的流动性风险。

表 7-1　永辉超市云金业务相关数据

年份	累计注册客户/万	总资产规模/亿元	利润总额/亿元
2017	14	10.6	0.17
2018	19.6	18.9	0.34
2019	39.29	44	1.47
2020	208	43.8	1.89
2021	—	24.49	1.20
2022	550	18.36	0.18

注：数据摘录自 2017 年至 2022 年永辉超市股份有限公司年度报告，"—"代表该年度未披露相关信息。

二、星图金融的供应链金融模式

苏宁易购集团股份有限公司（以下简称"苏宁易购"）创办于 1990 年 12 月 26 日，是中国领先的智慧零售服务商，经营商品涵盖传统家电、消费电子、百货、日用品、图书、虚拟产品等综合品类。截至 2020 年 6 月底，全场景苏宁易购线下网络覆盖全国，拥有苏宁广场、苏宁家乐福社区中心、苏宁百货、苏宁零售云、苏宁极物、苏宁红孩子等"一大两小多专"各类创新互联网门店，稳居国内线下网络前列。苏宁易购线上通过自营、开放和跨平台运营，跻身中国 B2C 行业前列，公司零售会员总数达 6.02 亿。2021 年，苏宁易购再次位列《财富》全球 500 强，并且入围 2022 年《中国最具价值品牌 500 强》。

苏宁易购的金融业务发展历程如下：2011 年 1 月南京苏宁易付宝网络科技有限公司成立，标志着苏宁易购在金融板块的布局开端。2012 年 6 月苏宁取得中国人民银行颁发的第三方支付业务许可证，同年 12 月苏宁易购全资子公司香港苏宁电器有限公司与关联方苏宁电器集团有限公司共同出资发起设立重庆苏宁小额贷款有限公司。2013 年 10 月苏宁商业保理有限公司获批成立，同年苏宁易购成立了专门的金融事业部，并针对苏宁供应商正式推出企业贷款服务。2014 年 1 月至 4 月，苏宁理财平台、保险代理业务和众筹平台依次上线。2015 年 5 月，苏宁消费金融有限公司获准开业。2016 年 4 月，苏宁易购对旗下第三方支付、供应链金融、理财、保险销售、基金销售、众筹、预付卡等金融业务进行整合，成立苏宁金融服务（上海）有限公司。2017 年 6 月，苏宁银行获得由江苏银监局颁发的金融许可，其定位为"科技驱动的 O2O 银行"，聚焦供应链金融、消费金融、微商金融和财务管理四大核心业务。

自此，苏宁金融的三大业务板块逐渐清晰，分别是苏宁金服、苏宁消费金融和苏宁银行。但在银行争夺消费金融牌照的浪潮下，苏宁消费金融业务未能持续开展。2022 年 8 月南京银行股份有限公司收购苏宁消费金融有限公司控股权获监管批复，同时将苏宁消费金融有限公司变更名称为"南银法巴消费金融有限公司"。同年，苏宁金融服务（上海）有限公司更名为上海星图金融服务集团有限公司（以下简称"星图金融"），苏宁易购为第一股东，持股比例 41.15%。星图金融自成立以来，研发投入超 10 亿元，科研人才占比超 60%，累计申请金融科技发明专利 270 个，旗下两家子公司获得国家高新技术企业认证。目前，星图金融已成为央行金融科技试点单位，连续 3 年登榜全球独角兽企业 500 强，连续 4 年入选毕马威中国领先金融科技 50 企业，并入选胡润中国 10 强金融科技企业。

1. 业务版图

星图金融是苏宁易购商业形态与金融业态结合的产物，依靠苏宁生态圈线上线下的用户群体、特有的 O2O 零售模式和全价值链经营路径，发展出供应链金融、消费贷款、投资理财、保险、基金和储值卡等业务，打造了"任性付""惠农贷""账速融""货速融""票速融"和"乐业贷"等系列产品。其中,"账速融""货速融"
"票速融"是苏宁供应链金融的三大核心产品。经过多年的升级与优化,星图金融
的企业贷款业务已实现全面覆盖产、供、销、存四大供应链场景,涵盖应收账款融
资、订单融资、存货融资、票据融资、信用融资和采购贷款等各种融资类型,可满
足不同类型企业在不同场景下的融资需求(见图7-6)。

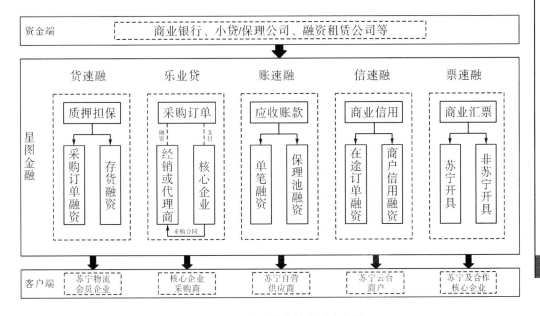

图7-6　星图金融供应链金融生态圈

2. "信速融"

"信速融"是星图金融面向苏宁开放平台商家提供的无须抵押及担保的信用类
贷款。当商户符合一定的条件时,即可凭借在途订单或在平台积累的信用申请贷款。
借款全流程在线操作,商户登录苏宁云台提交开通申请并完成线上签约流程后,最
快3分钟内款项到达商家的易付宝账户。"信速融"单利年化12%起,最高借款额
度达200万元,支持3期、6期、12期的借款期限选择。"信速融"以苏宁开放平台
店铺的经营情况为基础评定信用等级,并结合历史贷款情况综合给定商户可用的贷
款额度,同时产品息费采取差异化设定,利率透明且无隐形费用。此外,"信速融"
支持多种还款方式,可随借随还,提前还款不收取手续费。

目前,"信速融"根据信用评估来源可分为订单贷和信用贷(见表7-2)。其
中,订单贷指星图金融以商户的在途订单作为信用评估依据来授信的贷款,其贷款
利率单利年化12%起,贷款期限30天。订单贷的还款方式分为以下三类:①消费者

收货还款，即消费者确认收货后货款直接用于偿还贷款；②系统自动还款，如消费者未确认收货，担保交易到期后（10天）订单款将自动用于还款；③提前还款，即在贷款期限内，若商户没有资金需求了，可以选择手动操作提前还清部分或全部贷款。信用贷指星图金融以商户在平台积累的信用为依据来授信的贷款，而平台信用受店铺交易量、退款率、好差评、交易的稳定性、历史贷款是否逾期、是否有被苏宁云台处罚等众多因素影响。信用贷的还款方式有以下两类：①自动扣款，即在固定还款日系统将从商家的易付宝账户扣除相应的金额用于还款；②提前还款，即在贷款期限内，若商户没有资金需求了，可以选择手动操作提前还清部分或全部贷款。

表 7-2　"信速融"三类产品简介

类型	利率	最高额度	最长期限	还款方式
订单贷	单利年化 12% 起	200 万元	30 天	收货还款、自动还款、提前还款
信用贷（随借随还）	单利年化 14% 起	100 万元	30 天	自动扣款、提前还款
信用贷（等额本息）	单利年化 12% 起	100 万元	6 个月	自动扣款、提前还款

3. "账速融"

"账速融"是专为苏宁供应商提供的应收账款融资服务，分为单笔融资和保理池融资两种形式。其中，保理池融资模式是将苏宁供应商日常变动频繁且分散的应收账款汇集起来，形成规模化的应收账款池。企业在线开通"账速融"业务后，只要发货入库，对应的库存价值即可计入资产池额度，实现了"入库即融"。企业可在额度内随时进行融资，系统进行自动化审核并且放款，资金即时到账，并以应收账款池的持续回款作为还款途径。

星图金融主要依托自建的数据库和信用模型对企业的授信额度进行评估。信贷平台与苏宁后台系统全线打通，运用大数据建立完备的客户历史交易数据库，从而实时掌握企业在供应链各个节点的资产变化情况。此外，星图金融建立了强大的信用模型，以在线实时获取的客户相关信息、数据和历史贸易往来合作信息为基础，将供应链的历史订单满足率、库存周转率、物流配送能力等全部纳入信用模型中，最后结合应收账款资产池总价值，计算出申请贷款企业最终的授信额度。由此可见，与传统银行的应收账款融资相比，借助金融科技的"账速融"可实现的融资比例更高，资产要求更灵活，放款速度更快。

4."货速融"

"货速融"是面向使用苏宁物流仓储服务（含天天快递）的企业，向重庆星雨小额贷款有限公司（以下简称"星雨小贷"）提供其合法拥有的存货或采购订单作为质押担保的融资业务。目前，根据货物质押时间分为存货融资与订单融资两大类。其中，存货融资指已使用苏宁仓储服务的企业将其存放于苏宁仓库的货物作为质押品，由星雨小贷实时审批并给予授信。订单融资指星雨小贷为企业采购货品提供贷款支持后，企业将已采购的货物通过苏宁物流直接运输存放于星雨小贷指定的苏宁仓库并将货物质押给星雨小贷。

申请"货速融"的企业需满足以下条件：①使用苏宁物流仓储服务；②企业自身正常经营1年，选择订单融资的企业需正常经营3年以上；③征信合格，无负面信息；④符合星雨小贷要求的其他条件。企业可选的质押货物品类丰富，如通信、冰洗、空调、黑电、电脑数码、厨卫、OA办公、生活电器等类目的整机商品，其中快消品类如母婴用品、服饰鞋品、纸品洗护、美妆等品类须是行业知名品牌或具备畅销渠道。目前，企业在线申请最高额高达1 000万元，但具体授信额度需根据客户综合资质情况评定，同时单笔贷款使用最长期限不超过3个月。企业正式提交业务申请后，从正常申请至审批结束，最长不超过3个工作日，系统自动核准质押率并实现智能质押，贷款将直接发放至企业在"货速融"中维护的企业银行账户。企业还款时，在最低库存警戒值内可随意出库无须还款，超出最低库存警戒值的货物出库，需现金还款或使用苏宁"货速融"认可的货物补足库存。

三、京东科技的供应链金融模式

京东成立于1998年，于2004年正式涉足电商领域。2014年5月，京东集团在美国纳斯达克证券交易所正式挂牌上市，是中国第一个成功赴美上市的综合型电商平台。2017年4月，京东宣布正式组建京东物流子集团。2020年6月，京东集团在香港联交所二次上市，募集资金约345.58亿港元，用于投资以供应链为基础的关键技术创新，以进一步提升用户体验及提高运营效率。同年12月，京东健康正式于香港联交所主板上市。次年5月，京东物流正式于香港联交所主板上市。京东集团定位于"以供应链为基础的技术与服务企业"，目前业务已涉及零售、科技、物流、健康、智能产业发展、工业、自有品牌、保险等领域。2022年《财富》世界500强发布榜单，京东集团排名跃升至第46位，并连续6年排名国内行业首位，也是国内行业唯一进入前 50 强的公司。

京东科技（原京东金融）是京东集团旗下专注于以技术为政企客户服务的业务子集团，致力于为政府、企业、金融机构等各类客户提供全价值链的技术性产品与服务。京东科技成立 10 多年以来，经历了数字金融、金融科技和数字科技三个阶段的转变。其主要发展历程如下：2013 年 10 月京东金融正式成立，12 月推出了解决供应商融资需求的"京保贝 1.0"。2014 年 2 月，国内首个互联网信用支付产品"白条"在京东商城上线，为用户在购物时提供"先消费，后付款""30 天免息，随心分期"服务。同年 10 月，专为京东商家打造的金融服务产品"京小贷"上线。从 2015 年起，京东金融业务重心从 B2C 转为金融科技类业务，发布了一系列有助于金融机构数字化的产品，如资管科技平台、保险基金网上代销平台、资产证券化云平台等数字化系统或工具。2018 年 11 月，京东金融品牌升级为京东数科，致力于数字经济时代的产业数字化。2021 年 1 月，原京东数科及智联云两大技术业务板块整合，京东科技子集团正式成立，成为整个京东集团对外提供技术服务的核心输出平台。

目前，京东科技的技术和产品人才占比已超过 60%，并且拥有多位入选 IEEE Fellow 的科学家，40 多位全球顶级科学家。截至 2023 年 3 月底，京东科技累计申请专利近 6 000 个，在多个国际顶级技术会议上共发表相关论文超 700 篇，在多项国际性学术赛事中斩获近 40 项世界第一，与多所国内外高校合作建立人工智能实验室，充分展开产学研一体化实践。

1. 京东企业金融业务版图

京东科技主要提供三大类供应链金融科技解决方案，分别是基于核心企业的供应链金融综合解决方案、基于物流场景的货押融资解决方案和基于供应链的小微金融解决方案，致力于帮助中小微企业解决融资难、融资贵的问题。其中，京东供应链金融综合解决方案提供针对核心企业上游应收账款融资产品以及核心企业下游基于信用和未来货权的采购融资产品，已覆盖消费、制造、能源、通信等 30 多个场景，服务超 10 万客户。基于物流场景的货押融资解决方案以可信货物融资管理平台为支撑，面向消费品融资、大宗商品融资两大领域构建解决方案，并通过标准化数字仓库方案实现了场景和资金的高效联结。目前，京东科技已与 28 家仓储企业实现合作，仓储监管面积达 3 000 万平方米，监管库房超 2 000 个。基于供应链的小微金融解决方案是以供应链场景、京东生态消费场景为中心，以企业征信、大数据风控能力为底层支撑，可精准识别中小微企业的信用状况和融资需求，提供纯线上、纯信用、随借随还的低成本快捷融资方式。数据显示，2021 年至 2022 年，京东科技小微金融普惠小微贷款服务客户近 27 万家；在助力实体经济中服务实体小微企业近 17 万户，覆盖 8 大实体行业，提供近 350 亿元用款服务；同时支持专精特新小微企业近 5 000 户，提供超 36 亿元用款服务（见图 7-7）。

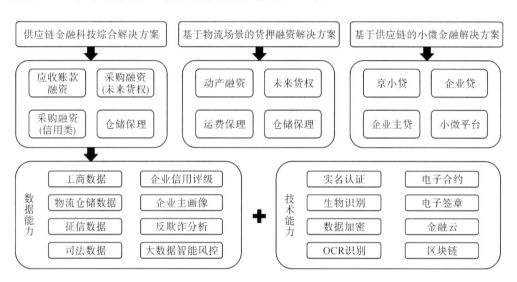

图 7-7　京东科技三大供应链金融科技解决方案

2．"京保贝"

"京保贝"是京东科技旗下京东金融业务推出的保理融资服务，致力于帮助供应商解决融资难、放款慢、应收账款周转周期长的问题，可提供全流程更加流畅、方便、快捷，更易于客户操作的服务。"京保贝"的四项主营业务分别是应收账款池融资、票据池融资、无追池融资和订单池融资。

应收账款池融资是面向京东商城以电汇形式结算的自营供应商，依据商城应收账款实时生成额度，实时申请实时放款。票据池融资面向京东商城所有银票结算的自营供应商，利用合作银行低成本贴现利率，降低客户票据贴现成本，将银承票据用于还款，增加客户还款来源。两者主要解决供应商先保理、后票据的场景需求。无追池融资是指向优质供应商提供的买断型池保理服务。供应商通过转让其在京东商城的应收账款，在月或季度需要优化报表时，可以通过"京保贝"定期完成提前结算。借助无追池融资，供应商一方面可以增加货币资金，另一方面可以降低应收账款的规模与比例，从而达到优化报表的目的。订单池融资是"京保贝"针对京东商城自营产品的预付款场景，向需要先款后货的优质关键供应商（Key Account）提供的预付款融资业务。供应商通过全部转让未来的所有应收账款进行融资，到期的结算回款用于偿还保理融本金。

2022年"双11"期间，"京保贝"为京东自营供应商提供急速回款金融服务，依据供应商的应收账款，提供无抵押、低利率、纯线上的快速融资服务，并支持灵活取用。同时活动期间"京保贝"向新老客户提供多项利率折扣及息费立减活动，缓解自营供应商资金周转紧张的问题，提升其资金周转效率及企业经营效率。

3."京小贷"

"京小贷"基于京东零售平台上平台开放计划（POP）商家的店铺经营情况，依托大数据能力、风控能力、反欺诈服务能力、科技能力等，为其提供专属的信用融资服务。"京小贷"自2014年推出以来，以其便捷、低利率、高额度特性，成为京东商家在金融服务方面的首选产品。商家登录京东账户，上传资料进行实名认证、填写申贷相关信息，由风控系统实时审核，可实现秒级审批、即时到账。为了进一步满足个体工商户、自然人商家和中小微企业的融资需求，京东科技对信用贷款业务进行升级，陆续推出了"京小贷"—企业主贷、"京小贷"—企业贷。其中，企业主贷是向年龄为18~65周岁的企业法定代表人、个体工商户主、持股比例30%以上股东提供的最高50万元额度的信用贷款；企业贷则是为广大小微企业提供的最高100万元额度的信用贷款。两者都是线上申请且无须抵押的纯信用贷款。

2022年"双11"期间，"京小贷"针对POP商家备货、销售货款提前回收、日常经营用款等资金需求，提供超16亿元的专项金融支持，对企业最高可授信300万元；企业贷为京东生态内中小微企业提供最高100万额度的信用贷款，"双11"期间减免息费超百万元，为企业经营发展提供更多流动资金；企业主贷面向全国超10万家中小微企业，提供40亿元特惠资金支持。

图7-8为京东科技信用融资和保理融资模式。

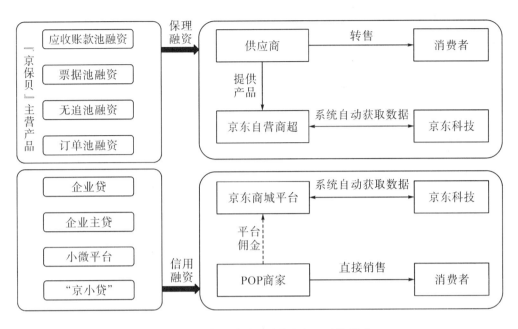

图 7-8　京东科技信用融资和保理融资模式

四、网商银行的供应链金融模式

蚂蚁金融服务集团（简称"蚂蚁集团"）于 2014 年 10 月正式成立。此后 9 年，蚂蚁集团发展了五大类业务，分别是数字支付、数字互联、数字科技、全球化和数字金融。数字支付业务专指数字支付开放平台的建设和发展。蚂蚁集团基于电脑、手机和物联网智能设备，研发了快捷支付、条码支付、刷脸支付、二维码支付等创新支付技术，以满足商业经营、便民缴费、交通出行等不同场景下的数字支付需求。数字互联业务致力于通过开放数字化产品、技术接口和平台资源，助力商家机构数字化转型和实体企业经营降本提效、可持续发展。蚂蚁集团旗下的支付宝为超过 1.1 万家数字化服务商提供产品和服务接口，联合他们，助力商家、机构通过小程序、生活号等数字化经营阵地及辅助经营工具进行数字化经营，并通过支付宝 App 为数亿消费者提供便捷丰富的生活服务。在数字科技板块，蚂蚁集团持续推动数字科技的创新与应用，在区块链、隐私计算、安全科技、分布式数据库等领域，不断研发蚂蚁链、OceanBase、SOFAStack、mPaaS 等领先的科技产品。全球化业务指蚂蚁集团通过分享前沿的移动支付技术，逐步和全球合作伙伴共建开放共赢的全球数字普惠生态：从提升中国人的跨境支付体验，到助力解决亚洲用户跨境支付难题；

从帮助中国商家更快更好地出海经营，到实现全球商家一次性接入多种数字支付方式、连接全球消费者。数字金融业务是指蚂蚁集团利用技术、数据和平台能力，服务全国超过 2 000 家金融机构，一起为消费者和小微商家提供小微信贷、消费金融、理财、保险等普惠金融服务，并推出了蚂蚁保、蚂蚁财富，以及花呗、借呗等信用购、信用贷类服务。

2015 年 6 月，网商银行正式开业。这是由蚂蚁集团发起，银保监会批准成立的中国首批民营银行之一，以"无微不至"为品牌理念，致力于解决小微企业、个体户、经营性农户等小微群体的金融需求。网商银行自成立以来深入布局前沿技术，是全国第一家将云计算运用于核心系统的银行，也是第一家将人工智能全面运用于小微风控、第一家将卫星遥感运用于农村金融、第一家将图计算运用于供应链金融的银行。作为一家科技驱动的银行，网商银行不设线下网点，借助实践多年的无接触贷款"310"模式（3 分钟申请，1 秒钟放款，全程 0 人工干预），为更多小微经营者提供纯线上的金融服务，让每一部手机都能成为便捷的银行网点。截至 2023 年，网商银行与全国超 1 000 个县域政府、500 家品牌开展合作，共同助力小微经济，已累计为超过 4 900 万小微经营者提供数字信贷服务。

1. 网商银行供应链金融业务版图

网商银行下设企业网银、网商贷、余利宝、电子票据和供应链金融五大业务。2021 年 10 月，网商银行正式对外发布大雁系统，海尔、华为、蒙牛、旺旺等超过 500 家品牌成为首批接入的品牌。大雁系统是网商银行基于核心企业和上下游小微企业的供应链关系，开发出的一套数字化产品矩阵（见图 7-9）。该产品矩阵包括"合同贷""采购贷""加盟商贷""发薪贷""网商贴""票据付""云资金"和"回款宝"等系列综合数字金融解决方案，以满足小微企业在供货回款、采购订货、铺货收款、加盟、发薪等生产经营场景中全链路信贷需求及综合资金管理需求。截至 2022 年年底，大雁系统已接入 500 多家品牌，覆盖 18 个行业。上下游供应链客户的贷款可得率提升至 80%，且无须核心企业的担保。同时，使用过贷款服务的经销商采购额平均增长了 20%，改善了品牌供应链"毛细血管"的金融供血状况，真正实现金融助力商业发展。

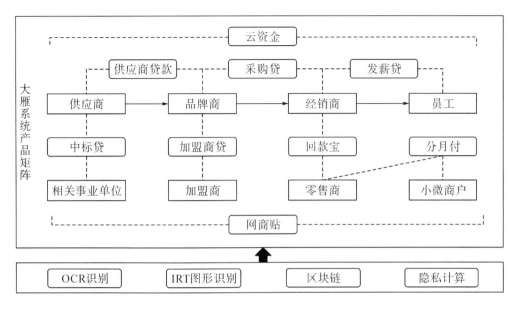

图 7-9　大雁系统产品矩阵

2. 针对经销商的贷款

"采购贷"是网商银行基于品牌商和经销商的采购关系，为经销商提供的一款操作便捷、定向用于采购支付的金融产品，可缓解经销商向品牌商采购订货时的资金周转压力，助力提升品牌商的销售规模。目前"采购贷"的合作品牌覆盖食品、酒类、家电、饮料、数码产品、办公用品、乳制品、日用品等品类。有两类用户符合采购贷的申请条件，一是与网商银行合作品牌签约的法定代表人（年龄不超过60岁）且信用良好，二是网商银行系统匹配的部分符合条件的用户（正在逐步开放）。而"回款宝"是为品牌的经销商提供的一款集转账收款、资金管理、金融服务为一体的综合金融产品，帮助经销商下游资金快速回款，降低催收成本及坏账风险，提高资金周转效率。"发薪贷"则属于纯信用贷款，专用于支付佣金、费用等，解决劳务公司垫资难题。

3. 针对供应商的贷款

供应商贷款基于平台服务为招采供应商提供全采购周期的一揽子金融服务方案，帮助供应商在线灵活回笼资金，助力平台为小微客群提供普惠金融服务，含"供货贷""中标贷""投标保函"等。其中，"中标贷"是网商银行为小微企业提供的一款基于中标项目的信贷产品，主要用于缓解供应商资金压力。"中标贷"最高可覆盖中标合同金额的30%，额度最高可达300万元。该贷款支持全线上操作，无抵押，无担保，支持随借随还，提前还款不收手续费。供应商只需拥有 30 天内政府机关、事业单位、央企、国企等中标项目即可申请，申请人须为企业法定代表人且持股比例超过 10%（含）。"分月付"是与经营性设备供应商合作的一款供应链金融产品，即在赊销模式下，为供应商提供买方付款担保+应收账款融资服务，帮助供应商在扩大销售的同时，有效管控坏账风险，并获得现金流支持。

4. 全场景服务产品

"云资金"是网商银行基于品牌供应链场景，为品牌客户提供的一整套在线化、低费率、易对账，用于交易分账、采购支付、资金划拨及资金管理的产品，可实现品牌企业资金管理的合规性和全面掌控，降低非必要支出，助力品牌企业降本增效。相较于大雁系统的其他产品，"云资金"服务的链条更长，从品牌核心企业到小微商家，纵向上跨越更多的供应链节点。目前"云资金"的服务客户主要包含三类：品牌分销渠道、连锁加盟企业、批发市场综合零售企业。"网商贴"是网商银行提供的票据贴现产品，由客户在其他银行企业网银操作电子银行承兑汇票跨行贴现，票据权利转移给网商银行后，网商银行扣除贴现利息，并将剩余款项发放到贴出人企业账户。"网商贴"单户贴现额度最高可达 3 000 万元，单笔贴现额度最高 500 万元，可以有效解决小企业的资金周转困境。目前，网商银行支持贴现的承兑银行及财务公司超过 280 家，企业经营状态正常、没有不良信用记录且能够开立网商银行企业账户的客户均可申请办理。

第三节　生产加工类企业供应链金融案例

一、海尔集团的供应链金融模式

海尔集团创立于 1984 年，是全球领先的美好生活和数字化转型解决方案服务商。海尔始终以用户为中心，在全球设立了 10 大研发中心、71 个研究院、35 个工业园、138 个制造中心和 23 万个销售网络，连续 4 年作为全球唯一物联网生态品牌蝉联 "BrandZ 最具价值全球品牌 100 强"，连续 14 年稳居 "欧睿国际全球大型家电零售量" 第一名，2022 年全球营业收入达 3 506 亿元，品牌价值达 4 739.65 亿元。

海尔集团旗下有 4 家上市公司，子公司海尔智家位列《财富》世界 500 强和

《财富》全球最受赞赏公司。集团拥有海尔、卡萨帝、Leader、GE Appliances、Fisher & Paykel、AQUA、Candy 七大全球化高端品牌和全球首个智慧家庭场景品牌三翼鸟，构建了全球引领的工业互联网平台卡奥斯 COSMOPlat 和大健康生态品牌盈康一生。旗下创业加速平台海创汇已孵化 7 家独角兽企业、102 家瞪羚企业和 120 家专精特新"小巨人"，打造了属于海尔的"家电王国"。

1. 海尔供应链末端资金问题凸显

2014 年，海尔集团进行了"企业平台化、用户个性化、员工创客化"的互联网转型升级，其中"企业平台化"战略需要实现渠道扁平化，减少顾客服务过程中不必要的中间环节，从而提高产品分销效率并促使供应链更加敏捷地对市场变化做出快速反应。消除中间层后，原有的下游经销商直接与工厂的生产环节对接，根据对自身销售情况的预期直接向海尔工厂订货。

这一战略的推行大大提升了海尔的销售和生产效率，但对处于供应链末端的经销商却带来了极大的资金压力。在采购时，经销商需要按照总货款的一定比例向海尔支付预付款，海尔在收到预付款后才会组织生产，到期后，经销商支付尾款赎货。这一采购模式在传统的多级经销模式下问题并不突出，因为位于上层的经销商往往由于经营规模较大，自有资金较为充足，足以满足海尔的预付款要求。而在扁平化的销售模式中，末端中小型经销商直接与海尔工厂对接，对于这些规模和资金实力都较弱的中小型经销商而言，预付款带来的资金压力巨大，加之其自身可用于抵押担保的资产较少，往往很难从金融机构获得资金支持。因此，中小型企业的融资困境成为这一战略落地推行的"绊脚石"。

2. 海尔供应链金融解决方案

为了解决中小企业的资金问题，2014 年 4 月 25 日，海尔集团与中信银行、平安银行达成战略合作，基于海尔日日顺供应链平台，联合金融机构为供应链下游经销商提供资金支持，共同促进海尔供应链蓬勃发展。日日顺供应链是海尔旗下的场景物流生态品牌，将互联网思维引入了物流的日常运转当中，搭建起了开放的科技化、数字化、场景化物联网场景物流生态平台。因此，日日顺平台凭借企业间的频繁交易，掌握着大量的经销商数据和资源，将这些数据与金融机构对接，银行便获得了向下游经销商授信的重要依据①。

---

① 海尔集团. 关于日日顺供应链［EB/OL］.［2023-04-15］. https://www.haier.com/rrs/.

海尔集团利用日日顺平台的交易记录，联合中信银行与平安银行，制定了针对经销商的两种供应链金融业务模式，即"货押模式"和"信用模式"。

"货押模式"主要针对的是经销商在面对节日促销、抢购紧俏产品、批量采购获得价格折扣等时进行大量采购所带来的财务问题而设计的供应链金融解决方案。其具体操作流程如图7-10所示。

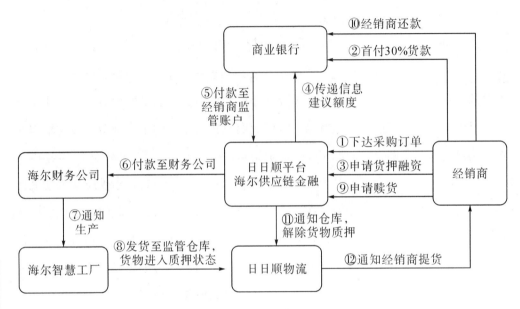

图7-10 "货押模式"流程

①经销商通过日日顺平台向海尔智慧工厂下达采购订单；

②经销商将总货款30%的预付款付至银行；

③经销商向海尔供应链金融申请货押融资；

④海尔供应链金融将信息传递给银行，并给出建议额度；

⑤银行审核后付款至经销商监管账户；

⑥海尔供应链金融将总货款70%的资金定向支付给海尔财务公司；

⑦财务公司通知智慧工厂安排生产；

⑧工厂生产出成品后，发货至日日顺物流仓库，货物进入质押状态；

⑨当经销商实际需要产品时，向海尔供应链金融申请赎货；

⑩经销商将剩余货款归还至银行；

⑪海尔供应链金融在获取全额资金支付信息后，通知日日顺仓库，解除货物质押；

⑫日日顺物流配送到经销商，通知经销商提货。

"货押模式"可以顺畅实施主要依赖于海尔集团旗下的日日顺物流。质押的货物大多是由该公司进行配送的。日日顺物流参与了供应链金融的全过程，可从物流方面控制货物，进而控制资金的流动。此外，由于供应链中的下订单、收付款项、通知生产、通知提货等均经由日日顺平台办理，供应链各参与方通过平台聚集在一起，做到了信息透明，在一定程度上控制了风险。

"信用模式"主要是基于经销商的业务信用，针对与企业交易频繁的中小企业日常交易所产生的财务问题而设计的供应链金融解决方案。如图 7-11 所示，其具体操作流程如下：

①经销商根据对当月销售需求的估计，生成预订单；

②海尔智慧工厂根据经销商从日日顺平台下的订单进行生产；

③银行根据经销商的信用状况提供全额资金；

④日日顺平台将资金定向支付给海尔财务公司；

⑤财务公司准许工厂发货；

⑥工厂通过日日顺物流将货物配送至经销商；

⑦经销商收到货物后偿还贷款。

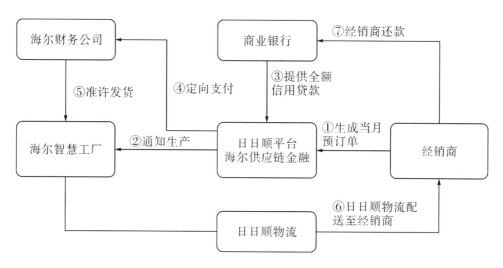

图 7-11　"信用模式"流程图

"信用模式"依据的是对经销商过去的销售情况和信用状况的分析结果，以此来决定是否向下游经销商提供贷款。该模式一般适用于规模相对较大、有充足资金、信用状况良好的下游经销商。不同于"货押模式"需要支付 30% 的预付款，在信用模式下，经销商在收到货物之前无须支付任何资金，这大大减轻了经销商的资金压力，提高了订货效率。

不同于传统的资产抵质押和担保模式，海尔集团针对下游经销商提供的供应链金融服务将客户的历史交易数据、采购信息、销售订单等与外部三方大数据相结合，通过风控模型来进行用户准入、额度核定和贷后预警①，为实力较弱的中小型经销商提供了资金支持，有效地解决了中小微企业的融资难问题，同时提高了海尔集团的销售效率，实现了供应链上下游的双赢。

二、北汽福田汽车的供应链金融模式

北汽福田汽车股份有限公司（简称"福田汽车"）成立于1996年，1998年在上海证券交易所上市，是中国品种规模较大的商用车企业。福田汽车于2021年成为中国汽车工业史上销量突破千万辆的商用车企、中国千万级"双自主"商用车企，也是突破千万销量用时较短的商用车企。福田汽车海外累计出口76万辆，连续12年位居中国商用车出口第一位，产品覆盖全球110个国家和地区。发展至今，福田汽车已经形成了整车制造、核心零部件、汽车金融、车联网一体的汽车生态体系。在供应链市场规模上，福田汽车拥有零部件供应商1 500余家、经销商2 000余家、服务配件商1 000余家、广告及物流商近200家，该供应链体系2018年6月应付账款余额达到了150亿元②。

1. 福田汽车链属企业财务困境制约发展

福田汽车的链属企业主要包括生产和流通环节上游的零部件及配件供应商，以及下游经销商。

对于上游供应商来说，大型的汽车核心部件供应商由于其行业地位较高、产品竞争力较强，对于融资的需求相对较小，但当其购买原材料及设备的成本在全部生产成本中占比较大时，也会面临较大的资金压力。而对于一些小微型企业来说，由于缺乏核心竞争力，议价能力较弱，只能依靠给主机厂供应批量非核心零部件以维持运营，毛利有限，当这类企业面临产能扩张、模具换代时，更需要资金以支持企

---

① 王商思维. 海尔集团公司概况如何，供应链金融业务背景是什么，有什么模式？［EB/OL］.（2022-06-02）［2023-04-28］. https://baijiahao.baidu.com/s? id=1734493744003029977&wfr=spider&for=pc.

② 张天宇. 区块链首次在汽车供应链领域擦出火花，福金 All-Link 系统正式上线［EB/OL］.（2018-08-13）［2023-04-28］. https://www.sohu.com/a/246836031_133588.

业的正常运营。然而，整车厂的回款账期一般较长，大多在3个月以上。因此，其上游的应付账款和下游的应收账款以及存货等，都会影响到供应商的现金流，使其陷入财务困境[1]。

对于下游经销商来说，其在门店数量不断增加、营收上升的同时，面临的资金压力也随之越来越大，加之汽车行业逐步饱和，问题也逐渐浮现。汽车经销商的盈利水平较低，但资金占用量却很大，除了人员工资、场地租金、物料消耗等运营成本外，店铺铺货更是占用了大量资金。

然而，由于中小型的供应商和经销商金融信用不强，加之传统的汽车供应链中信息沟通和交互效率低下，信息孤岛现象普遍存在，这使得核心或主体企业的信用难以跨级传递。各大银行主流的供应链金融产品服务更多针对的是一级经销商。中小型链属企业难以拿到价格较低、渠道稳定的融资[2]。供应链上下游企业资金压力大、融资渠道窄的痛点导致的二三级供应商及经销商的生存和发展困境，在一定程度上已制约整条产业链的高效率运转[3]。

2. 福金All-Link系统

为破解上述痛点，2018年8月10日福田汽车联合平安集团旗下金融壹账通共同发布了基于区块链技术的汽车供应链金融解决方案。供应链金融交易平台——福金All-Link系统宣布正式上线，首张数字凭证"福金通"也在当天颁发[4]。福金All-Link系统基于真实贸易背景，采用信息化系统，利用区块链技术，配合电子签名技术，最终把非标准化的应收账款转化为能在平台流转的数字凭证福金通。金融壹账通为福金All-Link系统提供业务和技术解决方案，在平台实现数字凭证福金通的闭环运营。

该系统的核心是福金通产品的应用。福金通产品有两个核心内容：一是应收/应付资产在平台里流动，从经销商到核心企业，再到一级供应商、二级供应商的流转；二是系统功能，包括可拆分流转、数字凭证的管理、授信管理、电子合同、大数据

① 旺链科技. 供应链金融能否成为汽车行业发展的驱动力？［EB/OL］.（2021-12-09）［2023-04-28］. https://baijiahao.baidu.com/s? id=1718638411194997086&wfr=spider&for=pc.
② 旺链科技. 7 000字干货，深析区块链+汽车供应链金融的应用价值［EB/OL］.（2022-06-02）［2023-04-28］. https://baijiahao.baidu.com/s? id=1734513828141494772&wfr=spider&for=pc.
③ 经济日报. 共同打造区块链+汽车供应链金融［EB/OL］.（2018-08-14）［2023-04-28］. http://auto.china.com.cn/roll/20180814/689948.shtml.
④ 福田汽车. 区块链技术在汽车供应链金融领域首次应用！福田汽车携手平安集团发布汽车供应链金融解决方案［EB/OL］.（2018-08-10）［2023-04-28］. https://mp.weixin.qq.com/s/kziBo6Syqv85ZE7bb3apJg.

风控、车联网、应收账款的质押等①。供应商与经销商向核心企业福田申请数字凭证福金通，供应商与经销商可以选择持有到期或依据贸易关系向上下游的多级供应商与经销商转让数字凭证福金通。如果数字凭证进一步流转，就相当于盘活了资金，若链属企业有融资需求，银行或福田金融可以依据数字凭证福金通的数量决定向企业发放的贷款额度。数字凭证相当于绑定了核心企业信用，能帮助链属企业提高融资成功率、降低融资成本。这样，供应链金融可以覆盖到更多层级，效率也有望获得提升②。

如图 7-12 所示，福金通产品的核心流程如下：

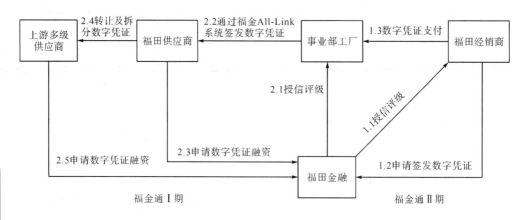

图 7-12　福金通产品流程

首先，从下游经销商开始，福田金融首先对经销商进行授信，在授信额度内，经销商依据其对事业部工厂的应付账款开具数字凭证，并依此进行支付，传递至事业部工厂。

其次，事业部工厂根据其对于一级供应商的应付账款拆分和流转数字凭证。

最后，一级供应商再根据其对二级供应商的应付账款进行再拆分和再流转；每一级供应商均可向下一级供应商拆分流转数字凭证。

在整个流转和拆分的过程中，任何环节若有实际资金需求，即可根据数字凭证向福田金融申请融资，进行提前保贴。如果没有临时资金需求，则可持续地流转和

①　券商中国.二级供应商融资难？当汽车供应链遇上区块链，解决 80% 融资难题，降低 2% 成本［EB/OL］.（2018-08-11）［2023-04-28］. https://baijiahao.baidu.com/s？id=1608492555428677559&wfr=spider&for=pc.
②　虎嗅.区块链落地实体经济，这个领域可能是先锋［EB/OL］.（2018-08-14）［2023-04-28］. https://baijiahao.baidu.com/s？id=1608771752351074386&wfr=spider&for=pc.

持有数字凭证，等数字凭证到期后，福田经销商会将资金支付给福田金融，从而使数字凭证自动兑现。如此，就形成了整体的闭环，通过数字凭证打通了从下游到上游的全流程。

3. 福田汽车供应链金融系统构建的目的及意义

福金 All-Link 系统的搭建有助于实现福田汽车信用的多级穿透，提高业务便捷性及流通性，解决多级供应商、经销商融资难、融资贵、融资慢的问题。该供应链金融系统构建的目的及意义主要有①：

①拓展福田汽车现有产品范围，提高业务便捷性及流通性，加速产业供应链信息融通；

②提升福田公司及其链属企业整体竞争力，支持汽车产业链协同发展；

③解决链属企业融资难问题，增加链属企业与核心企业黏性；

④打通下游销售到上游供应商的资金流转通道，盘活应收/应付资产，以信用流转推进资金流转加速，实现资金流在福田全产业链的封闭运转。

以 2018 年 6 月底福田汽车应付账款 150 亿元来测算，预计福金 All-Link 系统上线后，可盘活应付账款 50 亿元，而以数字凭证形式增加流动性并方便多级供应商融资，可降低链上企业 2% 的融资成本，节约融资费用 1.2 亿元。这意味着，福田体系内供应商将全面受益，核心企业及供应链整体竞争力将得到提升。

三、新希望集团的供应链金融模式

新希望集团成立于 1982 年，是一家以现代农牧与食品生产加工为主营业务的民营企业集团，立足农牧行业向上、下游产业延伸，目前已涉足农牧食品、乳品快消、智慧城乡、金融投资等相关产业，在全球拥有超过 600 家的分子公司，资产规模超过 3 400 亿元，2022 年销售收入超 2 700 亿元。集团主体信用等级由"中诚信"评定为 AAA 级。旗下专注于食品与现代农业的新希望六和股份有限公司（简称"新希望六和"）于 1998 年上市，拥有全国第一的饲料产能和禽肉加工处理能力，是中国最大的肉、蛋、奶综合供应商之一。

2021 年，新希望六和实现销售收入 1 262 亿元，控股分子公司 800 余家，员工 8 万余人。饲料销量 2 824 万吨，出栏生猪 997 万余头，年屠宰家禽 7 亿只，供应禽

---

① 福田汽车. 区块链技术在汽车供应链金融领域首次应用！福田汽车携手平安集团发布汽车供应链金融解决方案 [EB/OL]. (2018-08-10) [2023-04-28]. https://mp.weixin.qq.com/s/kziBo6Syqv85ZE7bb3apJg.

苗 5 亿只，销售肉类及预制菜 230 万余吨。在 2022 年《财富》中国 500 强中位列第 108 位。

1. 三农金融缺口凸显

我国农业发展进入资金密集型和技术密集型时代，现代化养殖模式是未来的必然发展趋势。发展现代化养殖需要投入大量资金，用于规模化厂房建设，采购自动化设备和环境控制设备等，资金常常成为农民发展现代化养殖的瓶颈①。2021 年 4 月《中华人民共和国乡村振兴促进法》通过，指出要建立健全多层次、广覆盖、可持续的农村金融服务体系，促进农村普惠金融发展，鼓励金融机构依法将更多资源配置到乡村发展的重点领域和薄弱环节②。2022 年 9 月，农业农村部和中国农业银行联合印发《金融助力畜牧业高质量发展工作方案》，强调要加大金融支持力度，助力畜牧业高质量发展③。银保监会的统计数据显示，截至 2022 年 9 月末，全国涉农贷款余额达 48.49 万亿元，同比增长 13.7%④。在国家对农业的金融扶持中，龙头企业成为重要抓手，这与我国农业产业以及农业金融现状不无关系。

其一，从农业产业来看，我国农业生产组织较分散，标准化、集约化程度较低，农业金融受限。第三次农业普查数据显示，全国小农户数量约有 2.03 亿，占各类农业经营户总数的 98.1%。人均一亩三分地、户均不过十亩田的小农生产方式，是我国农业发展需要长期面对的基本现实⑤。加之农业产业链的链条长且复杂，种植、采购、加工、仓储、物流等多个环节渗透交叉，涉及上游农户、加工厂、仓储物流服务商、零售商等主体，农业金融发展十分受限。

其二，从信贷来看，我国农业生产组织小而分散的特点也使得农业资金需求表现出分散、小额、短期的特点。对于金融机构来说，由于难以深入农业产业链，面临信息不对称等问题，难以把控风险。此外，单体农户缺少符合金融机构要求的抵押物，

① 新希望六和金融服务［EB/OL］.（2023-04-27）［2023-04-28］. http://www.newhopeagri.com/lh/guarantee/index.
② 中华人民共和国乡村振兴促进法［EB/OL］.（2021-04-29）［2023-04-28］. http://www.npc.gov.cn/npc/c30834/202104/8777a961929c4757935ed2826ba967fd.shtml.
③ 农业农村部办公厅 中国农业银行办公室关于印发《金融助力畜牧业高质量发展工作方案》的通知［EB/OL］.（2022-09-05）［2023-04-28］. http://www.moa.gov.cn/govpublic/xmsyj/202209/t20220913_6409059.htm.
④ 中国银行保险监督管理委员会. 涉农信贷投入稳步加大［EB/OL］.（2023-01-06）［2023-04-28］. http://www.cbirc.gov.cn/cn/view/pages/ItemDetail.html? docId=1089141&itemId=962&generaltype=0.
⑤ 经济日报. 农业社会化服务政策支持面加大［EB/OL］.（2021-07-20）［2023-04-28］. http://www.gov.cn/xinwen/2021-07/20/content_5626040.htm.

较难获得贷款。中国社科院数据显示，我国"三农"金融缺口达 3.05 万亿元[①]。

对深度参与并组织农业供应链产业链的龙头企业新希望集团来说，利用信息化、数字化、平台化手段，可有效掌握上下游的商流、物流、信息流，通过建立供应链金融体系，更易摸索出一套产融发展模式。

2. 新希望集团的农业供应链金融生态及解决方案

为盘活公司资产，稳定产业链供应链的企业，新希望集团在产业端和金融端做了多方布局。

在金融业，新希望集团于 1996 年发起成立了我国首家主要由非公有制企业入股的全国性股份制商业银行——中国民生银行，不断探索中小企业金融服务。2016 年，成立了中西部首家互联网银行——新网银行，依靠数据和技术来驱动业务运营，实现金融和科技的融合。之后，又通过资本市场收购了华创证券。

在农业供应链金融领域，新希望集团于 2015 年成立了国内第一批专注于农牧供应链金融的互联网金融服务平台——新希望慧农（天津）科技有限公司，业务范围涵盖了农业产业链金融、农业供应链金融、农村消费金融和农业产业支付四大领域。2007 年，新希望六和试水第一家农牧担保公司。2009 年 12 月，新希望六和成立普惠农牧融资担保有限公司[②]，专门为广大农民尤其是养殖户提供融资担保。集团还全力打造了泛农业产业科技和供应链信息服务平台——上海厚沃信息科技有限公司（又名"新希望金服"），旗下设有数据科技公司、商业保理、融资租赁等子公司，拥有多张（类）金融牌照，全面支撑公司开展金融服务，全面连接核心企业上下游，围绕供应链企业商流、物流、信息流、资金流构建供应链生态[③]。

以新希望集团强大的产业链供应链系统为支撑，新希望六和依托其集饲料、种苗、屠宰冷藏、兽药供应和技术服务于一体的畜禽产业链开展业务，按照高效的运营管理体制和风险控制体系，对接金融部门及相关企业等多方资源，开展担保业务。

新希望集团提供的担保业务主要有两类：流动资金融资担保、固定资产融资担保[④]。

---

① 中物联物流与供应链金融分会. 金融缺口达 3 万亿，乡村振兴催化"三农"，2 亿小农户呼唤农业供应链金融 [EB/OL]. (2022-04-11) [2023-04-28]. http://jrfh.chinawuliu.com.cn/xydt/202204/11/575033.shtml.

② 普惠农牧发展历程 [EB/OL]. (2023-04-27) [2023-04-28]. http://www.puhuichina.com/fazhan.html.

③ 厚沃科技公司介绍 [EB/OL]. (2023-04-27) [2023-04-28]. https://www.hopework.cn/about.html.

④ 新希望六和农村金融担保事业部业务介绍 [EB/OL]. (2023-04-27) [2023-04-28]. http://www.pu-huichina.com/cases.html.

流动资金融资担保业务流程如图 7-13 所示。

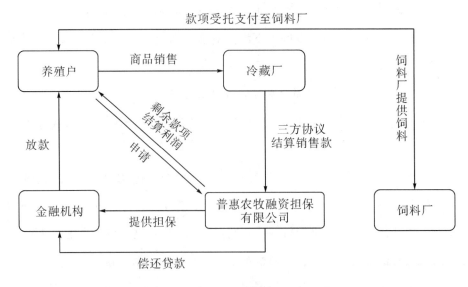

图 7-13　流动资金融资担保业务流程

流动资金融资担保业务主要是为了满足从事养殖的客户群体生产经营活动资金需求而发放的担保贷款。贷款业务面向的客户主要养殖肉禽、蛋禽、猪、牛、羊、水产等。这一贷款担保服务的特点包括手续简单、额度高且可循环。该项服务的贷款额度为 10 万元至 1 000 万元；贷款授信三年，单次用款期限为 2 至 6 个月；还款方式为按月/按季付息、到期还本或一次性还本付息。具体如表 7-3 所示。

表 7-3　流动资金融资担保详情

担保类别	面向客户群体	综合费率（按类别分）	还款期限	还款方式
押金类（家禽、猪）	签订的代养合同、饲养合同需要交纳押金的客户群体	6.5‰~8‰	最长 12 个月	到期一次性还款，或按照养殖批次还款
经销类（养殖、食品）	从事饲料、肉食制品或乳制品销售的经销商户	7.5‰~9.9‰	单批次最长 6 个月，可按批次循环使用	到期一次性还款，或按照贷款批次还款
直供类（家禽、苗雏、母猪、育肥猪、水产、蛋鸡、肉羊、奶牛、特色畜禽养殖、预混料、种禽）	养殖户	9‰~9.9‰	按养殖周期单批次最长 2~18 个月，可按养殖批次循环使用	到期一次性还款、按放款批次还款、等额本金还款

表7-3（续）

担保类别	面向客户群体	综合费率（按类别分）	还款期限	还款方式
水产	从事水产销售的经销商户，有水域经营权、水域租赁权的经销商户	9‰~9.9‰	按养殖周期单批次最长 2~18 个月，可按养殖批次循环使用	到期一次性还款、按放款批次还款、等额本金还款
预混料	从事预混料经销的市场人员	9‰~9.9‰	按养殖周期单批次最长 2~18 个月，可按养殖批次循环使用	到期一次性还款、按放款批次还款、等额本金还款
其他（原料供应商融资、惠你贷）	供应商等	≥6‰	单笔最长 12 个月	到期一次性还款或按批次还款

固定资产融资担保业务流程如图 7-14 所示。

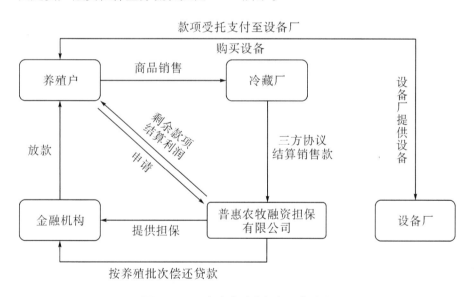

图 7-14　固定资产融资担保业务流程

固定资产融资担保业务是主要针对从事养殖的客户群体，为满足其养殖用固定资产投资需求提供的融资担保服务。该项担保服务的融资标的为养殖设备，其特点主要有贷款额度高、期限长，按剩余本金计息。该项服务的贷款额度为 10 万元至500 万元，贷款期限为 12 至 36 个月，还款方式为按月/按批次等额本息偿还。具体如表 7-4 所示。

133

表 7-4　固定资产融资担保详情

担保类别	面向客户群体	贷款利率	还款期限	还款方式
设备类（家禽、猪场、租金）	从事饲养合同类养殖的规模化养殖场，因扩大再生产购买设备产生的融资需求	9‰~10‰	单笔最长36个月	按批次还款

截至 2023 年 4 月底，新希望六和农村金融担保事业部累计担保额已达 540 亿元，累计担保 18 万户次，在保余额达 33.4 亿元。新希望六和通过"养殖户+龙头企业+政府+银行+养殖合作社+上下游企业+保险公司+担保公司"八位一体的运作模式，实行资金代管，定向支付给相应种禽厂、饲料厂，有效地控制了银行资金风险，提升了农户的贷款偿还能力和养殖管理能力。银行按照养殖周期设计产品，保证了资金在新希望六和产业链内部周转更快、流动性更强。担保养殖户在畜禽出栏后结算盈余，资金封闭运作，风险可控，保证了银行资金的安全性、合理性、有效性和科学性。

第四节　金融机构供应链金融案例

一、商业银行供应链金融

1. 中信银行：大力发展供应链金融，做稳链强链固链的推动者①

越来越多的生产制造企业正在加大对供应链金融的重视程度，银行更是积极与企业合作，帮助企业上下游融资。

作为国内最早开展供应链金融业务的商业银行之一，中信银行早在 2000 年就探索推出了基于"1+N"模式的汽车金融业务。如今，中信银行已形成依托核心企业、沿供应链中下游、以资产池为核心的供应链服务体系，为企业客户提供综合金融服务方案。在 2021 年供应链融资量达到 1 万亿元的基础上，中信银行 2022 年前 5 个月继续为 2 万家企业提供了 4 950 亿元供应链融资，客户数和融资量同比分别大增53%、46%。

①　中信银行：大力发展供应链金融努力做稳链强链固链的推动者［EB/OL］.（2022-07-08）［2023-04-27］. https://www.citicbank.com/about/companynews/banknew/message/202207/t20220708_3506330.html.

近年来，中信银行加快线上产品创新，以企业资产池为核心全力搭建供应链生态，帮助各类企业、集团、集群进行统一便捷的资产管理和资金融通；推出线上快捷申请、自动授信的"信保函-极速开"，为企业提供快速开立保函的一站式服务；上线"信 e 采"订单融资、"信 e 销-控货模式"下游线上经销商融资产品，进一步解决上游订单生产、下游采购进货的资金难题。这些创新举措极大地提高了客户线上体验和业务效率，提升了融资便利性。

（1）三一重工链生态案例。

三一重工股份有限公司是我国工程机械制造行业的龙头。为支持集团内子公司和上游产业链企业发展，三一重工搭建了"三一金票"供应链平台。

目前，"三一金票"平台已支持 3 500 余家供应商实现应收账款的便捷流转。为支持三一重工及其供应链业务发展，中信银行于 2020 年与"三一金票"平台实现系统直连对接。截至 2022 年 6 月末，依托中信银行"无需授信、无需开户、线上快贷"的信 e 链产品，"三一金票"已累计为 10 家子公司、64 家供应商提供 350 余笔、3.1 亿元保理融资服务。2023 年 4 月，中信银行又推出"集群资产池"产品，基于三一重工的信用，线上为其供应商办理应收账款质押开立银行承兑汇票，实现核心企业信用的高效传导，精准浇灌上游中小客户群体。

此外，中信银行还通过机械设备租赁保理服务，为三一重工下游经销商提供了 5.25 亿元融资支持；通过线上随借随还的信 e 融产品，为三一重工子公司提供日常短期运营资金支持累计近 30 亿元，帮助企业有效构建起供应链生态圈。

（2）奇瑞票据池案例。

作为国内汽车制造民族品牌龙头企业，奇瑞控股集团总资产超过 1 200 亿元，拥有员工 5 万人，已形成汽车、汽车零部件、现代服务、智能化等多元业务板块，业务遍布海外 80 余个国家和地区，集团连续多年跻身中国企业 500 强，带动了一批上游供应商、下游汽车经销商等中小企业的发展。

奇瑞控股集团上游中小型供应商长期手持商票，却受限于银行授信无法及时变现，只能持有直到到期，造成资金周转慢，原材料采购与生产进度缓慢，甚至可能影响核心企业健康发展。针对该现状，中信银行主动帮助奇瑞控股集团出谋划策，为奇瑞控股集团搭建了"集团票据池"，通过池中质押票据和保证金为子公司提供足额风险缓释，为奇瑞控股集团有效整合集团资源，优化成本、分散风险。

135

（3）小鹏汽车案例。

小鹏汽车坚持全栈自主研发智能辅助驾驶软件和开发核心硬件，为用户带来卓越的智能驾乘体验。

中信银行依托交易银行产品，为小鹏汽车打造了"一点开全国"的供应链金融服务创新模式。为小鹏汽车全国销售门店开户提供便利，解决了小鹏汽车财务集中管理，无法临柜办理的痛点，为小鹏汽车建立了全国各地子公司的账户体系。中信银行投入专项资金为客户开发跨银行资金管理系统，实现小鹏汽车全国收款一体化，提高其内部财务管理效率。这是中信银行助力制造业企业畅通产业链供应链的典型案例之一。

2. 平安银行：发展数字化供应链金融，解决中小微企业融资难题①

近年来，银行开始尝试运用新兴技术赋能供应链金融，丰富业务模式，完善风控体系，提升服务效率。直观体现为两大变化：一是供应链金融风控体系更加立体化，逐步形成核心企业"主体信用"、交易标的"物的信用"、交易信息"数据信用"的一体化风控体系；二是供应链金融业务模式更加多元化，除传统的"应收融资""预付融资""存货融资"之外，"数据融资"逐步成为供应链金融重要的融资模式，成为解决中小微企业融资难、融资贵痛点的有效路径。

平安银行于 2019 年启动"星云物联计划"，探索通过科技赋能新型供应链金融，支持实体经济发展。截至 2023 年，平安银行先后发射 3 颗卫星，连同地面设备一起，构建了星云物联网平台，接入物联网设备超过 1 200 万台，落地智慧车联、智慧能源、智慧制造、智慧基建、智慧农业、智慧物流六大产业场景，支持实体经济融资发生额超过 3 700 亿元。

2021 年，平安银行星云物联网平台获得由中国人民银行和证监会颁发的 2020 年度金融科技发展奖二等奖。平安银行数字化供应链金融发展重点解决以下三个问题：

一是解决数据获取及数据质量问题。其包括两个层面：一是对接更多维数据，例如征信、税务、海关、外汇等多维数据，从而形成更完善的客户画像；二是采集更多维数据，主要是以物联网技术来突破银行采集数据的能力瓶颈，在获取企业充

---

① 平安银行星云物联网平台设备接入破千万，赋能产业数字化升级［EB/OL］.［2023-04-27］. https:// www.163.com/news/article/GJ7P1FVD00019OH3.html.

分授权、合法合规的前提下，通过在企业生产场所、生产设备和实物资产上铺设、安装物联网设备，全自动、全天候采集企业生产经营过程中的各项真实运营数据，提升数据的时效性、连续性和准确性，从而提升数据质量和应用价值。

二是以数据解决企业融资难、融资贵问题。将多维度数据联合建模，构建基于数据的客户评价体系。过去因"无抵押、无报表、无评级"或是资产属性特殊等而无法获取传统信贷资源的中小微企业，借助数据还原企业真实经营情况，从而提升信贷资源和金融服务的可得性，解决实体经济融资难问题。此类业务全面线上化、智能化、自动化，可有效降低运营成本，推动融资成本降低，从而解决企业融资贵问题。

三是以数据解决企业经营难、经营贵问题。将数据反哺中小微企业，提升中小微企业信息化、数字化水平，让企业主能够实时了解企业运营状况，进一步解决中小微企业经营难、经营贵问题。

以下四个不同类型的中小微企业典型案例，生动地展示了平安银行在数字化供应链金融业务的探索和实践。

（1）中小微投标企业。

平安银行 2021 年 6 月上线"E 保函"业务，主要服务于具有投标需求的企业，是满足其在公共资源交易中心的投标需求的全流程线上化电子投标保函产品，在工程建设、政府采购领域全面替代投标保证金。并且该业务基于投标企业的多维信息和数据，运用授信模型为企业自动核定授信额度，满足企业线上申请、线上审批、线上开函的要求，降低了交易成本，极大地减轻了企业负担。

李先生是合肥市某建筑企业负责人，据其反馈：原来参加项目投标，需要缴纳保证金的时候，遇到资金紧张，就会错失标的；而且在融资过程中，因为融资周期过长，线下保函开立经常也要交保证金等，不得不放弃投标[①]。

了解到李先生的诉求后，平安银行合肥分行积极为其推荐"E 保函"产品。李先生在该行申请并获取 1 000 万元三年期可循环额度。同时，基于企业资质，平安银行合肥分行为李先生所在的企业提供了 200 万元的"政采 E 贷"线上融资额度。

截至 2021 年 11 月末，"E 保函"产品已累计为数百户中小企业授信超 16 亿元，

---

① 平安银行合肥分行 E 保函科技助力普惠金融再结硕果［EB/OL］.（2021-12-14）［2024-07-28］. https://finance.sina.com.cn/jjxw/2021-12-14/doc-ikyamrmy8846288.shtml？cref=cj.

保函出账超 11 000 笔，出账金额近 20 亿元，得到公共资源交易中心及投标企业的广泛认可和好评。

（2）中小微出口企业。

为加大对中小微外贸企业的支持力度，平安银行基于数字化风控模型，通过与"中国国际贸易单一窗口"和"国家外汇管理局数字外管平台"系统对接，基于企业出口报关和外汇售汇数据，为企业推出了数字化、线上化、纯信用融资产品——"出口 E 贷"，解决中小微出口企业融资难、融资贵问题。该业务自推出以来，联合多地政府部门、口岸公司等举办专项推广活动，获得地方政府及客户的广泛好评。

A 有限公司成立于 2001 年，注册资本 500 万元，所属行业为玻璃制品的批发零售，主营日用玻璃器皿的设计、加工和销售。在过去的十余年间，企业乘着产业转移的东风，紧抓机遇开拓全球市场，销售网络覆盖亚洲、非洲、欧洲等区域，有数百家客户，且在业内获得了知名度，并创立了自己的品牌。

近几年，全球经济政治环境趋于紧张，该企业在国内外市场均面临严峻考验。部分境外订单石沉大海；境外客户回收账期由原来的 30 天延长至 60～70 天；境外交易结算受阻；海运费价格上涨；部分已发货订单存在回款难问题。

平安银行 G 分行积极为该企业推荐"出口 E 贷"。该产品聚焦企业线上金融服务需求，为企业提供线上结算汇兑、线上贸易融资、线上衍生品、线上外贸管家、跨境平台直联等线上金融服务。

平安银行 G 分行结合企业税务特征，在现有贷款模型体系基础上进行针对性调整，基于企业征信数据、行内数据和出口场景数据等大数据信息，应用大数据建模，对企业进行信用评价和行为预测，为企业提供"出口 E 贷"融资，借助智能平台实现线上申请、线上审批、线上放款。

更重要的是，该企业代表表示："不用跑线下银行提交申请、签纸质合同，只要点点手机屏幕就可完成申请、审批、出账、还款全流程，办理便捷还高效，这一点非常重要。""平时，我们的工作比较忙，再加上外贸这个行业比较特殊，要适应不同客户的办公时间，需要我们随时在线，如果有什么资金需求，线上即可办理，为我们带来了极大的便利。"

（3）中小微涉农企业。

由于普遍缺少有效抵质押物，以及自然灾害、牲畜疾病等不可控因素频发，养殖业从业者较难获得稳定的信贷资金。平安银行通过"物联网+金融"新模式破解难题，利用智能穿戴式设备、智能摄像头和自动化挤奶厅，对奶牛产奶量等生产经营数据进行实时监测，结合大数据模型准确判断牧场生产经营情况，实现实时贷后风险管控，进而为偏远地区的畜牧企业提供信贷支持。

2020年，广西某肉牛养殖场迎来一次科技升级。平安银行为养殖场配套智慧肉牛金融资产监控系统，提供资产监管和牧场管理一体化解决方案。这个监控系统运用智能耳标（采集信息）、无源射频技术（RFID）、高清4G视频监控、GPRS远程通信技术，实现肉牛个体的精准识别、远程视频监控、风险自动报警、养殖环境监测。

如果说，智慧肉牛监控系统主要助力肉牛科学养殖，着眼于把牛养好，那么2021年平安银行在内蒙古落地的"活牛抵押贷款"，则创新开发了畜牧养殖贷款业务场景，迈出平安银行探索"物联网+金融+卫星"新型服务模式的第一步。

2023年3月31日，活牛抵押贷款再传佳音，平安银行总分联动，向新疆某畜牧公司发放一笔"活体抵押贷款"，用于购买架子牛，助力当地肉牛产业发展。

在该畜牧公司的监控室，牧场数字系统可实时分析牛群结构、繁育情况、产犊情况、饲喂成本、体重分布等数据，为管理人员提供决策依据。

数字系统总体上可分为数据采集端、传输端和展示端。数据采集端的关键设备之一是戴在每只牛耳蜗内的耳标。耳标可实时监测牛的体温等健康信息。这些信息通过固定在牛舍的扫描仪器或者工作人员手持的扫描仪器传进系统。在牛栏还安装有视频监控设备，随时监控牛的移动情况。

数据采集端返送回来的数据，经过系统的大数据分析，呈现在监控室的屏幕上。屏幕上的信息相当丰富、细致，包括AI健康预警、非法离栏预警、死亡预警、发情提醒等，可以说，牛的每一个"想法"都在监控之中。"后续，牧场数字系统将按照要求进一步优化，并与我行星云物联网对接，银行可以随时对资产进行监管，根据实际情况采取合适的措施。"平安银行工作人员说。

据介绍，本次贷款所购买的牛只将放在指定牛舍里，除了耳标、监控必备措施，客户还将在牛舍醒目地方安置"该圈舍牛已抵押至平安银行"的铭牌标识。此外，客户还为抵押牛只购买相应价值的养殖保险，为贷款安全再加一道围栏。

（4）中小微制造企业。

为加大对中小微制造企业的支持力度，平安银行于2021年年底推出面向制造业客户的定制化"数字贷"。

通过引入工业物联网技术，在获得客户授权的前提下，平安银行为工业机器安装设备手环，获取企业运营数据，科学推演客户实际经营情况，合理评估客户资质情况，有效控制风险，为他们提供日常经营所需的全线上申请、自动化审批的信用贷款支持，让企业信用有效变现，解决中小微制造企业融资难题。同时，设备数据以图表形式输出给中小企业主，帮助他们实现对车间的线上管理，在解决中小企业融资难、融资贵问题的同时，也解决了中小企业经营难、经营贵的问题。

由于业务扩张，上海某制造企业计划采购激光切割机，但对于由此所造成的流动资金紧张，该公司有所顾虑。"通过安装塔比星设备手环，平安银行及时掌握了工厂设备的产能情况，意识到工厂设备一直处于超负荷状态，无法承接更多订单。"该企业有关负责人介绍说，"平安银行根据我们的实际生产情况，给我们提供了制造业专属数字贷，帮助我们及时缓解资金压力。"

二、信托公司供应链金融

供应链金融成为信托公司新的业务发展方向，大体可分为三类模式，分别是股东协同模式、生态圈模式、供应链参与机构协同模式①。

（1）股东协同模式。信托公司直接与某些行业核心企业形成合作关系较为困难，然而部分信托公司的股东为实业企业，例如英大信托、中粮信托、中铁信托等，其股东均为国有企业，且处于产业的核心位置，这部分信托公司具有天然的竞争优势。同时，其股东也有需求进行供应链资源的有效整合，以支持其上下游中小企业的发展，做强整个产业链条。因此，这部分信托公司会围绕股东上下游企业开展供应链金融信托业务。借助股东优势，能够很好地把控信息流、资金流，实现资金的闭环管理，强化业务风险控制。

---

① 信托公司供应链金融发展研究及建议［EB/OL］.（2020-02-22）［2024-11-27］. https://baijiahao. baidu.com/s？id=1659232952330203853&wfr=spider&for=pc.

（2）生态圈模式。对于无实业股东背景的信托公司来说，如何介入产业链是核心问题。信托公司的首要选择就是入股或者与行业垂直平台合作，加强行业渗透，增强获取客户的基础。这种模式类似电商平台模式，可以通过平台流量更加精准聚焦客户的需求，也可以通过平台大数据实现对供应链金融业务风险的有效识别和控制。不过，信托公司要对合作平台进行选择，确保其在供应链上处于有利位置；同时还要注意防范线上平台与融资方勾结对信托公司进行欺诈。

（3）供应链参与机构协同模式。如果不能与行业核心企业实现合作，信托公司也可选择与其他参与供应链管理和服务机构合作，达到间接开展供应链金融服务的目的。传统观念认为，信托公司与其他供应链参与机构的竞争大于协同；但实际上，由于彼此间的差异性，协同发展反而能够实现优势互补，提高市场竞争力。

部分信托公司可为保理公司提供批发融资服务，而且可针对优质的应收账款发行资产支持票据，支持保理机构获取成本更低的资金。此外，信托公司也逐步加大了与供应链管理机构的合作，为其提供资金支持，助力构建以其为主导的供应链金融服务模式。

141

以下典型案例分别代表了实施不同业务发展策略的信托公司的供应链金融业务类型[1]。

1. 云南信托会泽 32 号农之家集合资金信托计划

云南信托围绕核心企业，结合具体的行业场景，以自主开发的小微信贷系统为支撑，对选定行业的供应链上下游企业提供融资服务，主要模式包括信托贷款及应收账款信托产品等。

这单业务采用了 TOT 的方式，第一层信托为云南信托会泽 32 号农之家集合资金信托计划，信托资金用于认购第二层单一资金信托。第一层信托计划由合格机构投资者认购优先级、哈尔滨中信现代农业服务有限公司认购一般级。第二层信托为云南信托普惠 32 号农之家单一资金信托，信托资金用于向符合条件的借款人发放信托贷款。贷款用途为农户种植贷，主要用于农民购买种子、化肥、农药等农资。云南信托典型案例交易结构如图 7-15 所示。

---

① 信托公司供应链金融业务研究［EB/OL］.（2019-04-26）［2024-11-27］. http://www.360doc.com/content/19/0426/17/943329_831650975.shtml.

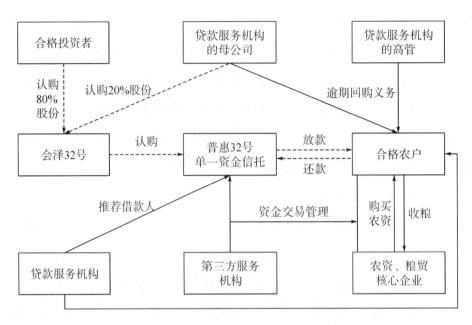

图 7-15 云南信托典型案例交易结构

该业务的亮点在于有效的风险控制措施，即通过与贷款服务机构合作，筛选出优质农户，向其发放种植贷款；依托核心仓储粮贸企业的信用，通过控制购买农资、收购粮食两大关键环节，辅以贷款服务机构关联公司为信托计划提供全流程系统运营支持，实现资金全流程闭环交易，把控风险。此外，贷款服务机构的母公司也有逾期农户债权回购的义务。

在云南信托农之家项目的扶持下，农民申请贷款便利，审批后资金迅速到账，既解决了农户贷款难题，又让信托业务接地气、服水土。不仅农民获得了价格合理、便捷安全的金融服务，核心农业企业也扩大了农资销售量，受益人的权益进一步得到了有效保证，开创了一举多赢的局面。

这单产品的借鉴意义在于以下三个方面：首先，在农业供应链领域，云南信托从零起步，依托研发力量准确把握了业务操作中的关键环节；其次，云南信托能够在不熟悉的领域、不擅长的操作环节中，借助外部力量实现供应链金融中的信息流、物流、资金流闭环，即贷款服务机构、核心企业、农户及信托公司之间的信息流的闭环，核心企业与农户的物流的闭环，引入第三方服务机构辅助管理的最重要的资金流闭环；最后，通过贷款服务机构的一般级份额认购、母公司逾期农户债权回购义务等交易安排设置了可靠的激励机制，能够有效锁定各方利益，规避潜在道德风险，助力供应链可持续稳定发展。

2. 英大信托电网供应链企业特定资产收益权集合资金信托计划

英大信托以国网产业链为依托，为供应链上下游企业提供融资服务，具体模式包括应收账款信托产品及信托贷款等。其资金主要用于受让"某线路±1100kV 特高压直流输电工程铁塔采购合同"形成的特定资产收益权，用于该订单的原材料采购。

在风控措施方面，一是以某企业持有的国家电网项目的应收账款债权设立质押，在信托存续期间，某企业应确保应收账款质押有效余额不低于实际融资额度的 1.2 倍。不足部分由某企业补充提供新的应收账款质押担保或安排提前还款，当"某线路±1100kV 特高压直流输电工程铁塔采购合同"形成应收账款后，可用于替代质押的应收账款。二是某企业法人及其配偶承担无限连带责任担保。

国网产业链中包括较多处于稳定发展期的设备供应商和工程建设企业。这类企业的应收账款在流动资产中占比较高，并且坏账率低、数额较大，通过应收账款信托模式，能够有效帮助企业盘活流动资金。而电缆企业以中小企业居多，普遍存在银行贷款难、贷款成本高的问题。多数电缆企业以铜、铝等为主要原料，这些有色金属的上游供应商通常处于强势地位，加之电缆供给量大，下游企业多为国有电力企业，应收账款的债务人信用较高，以此开展的供应链融资，安全性较好。

这一信托计划的借鉴意义在于英大信托服务实体经济、主动挖掘客户的意识。虽然不是每家信托公司都能背靠股东产业资源，但是实际上信托公司在多年经营中积累了不少优质实体企业客户。其中既有传统业务领域的客户，也有新兴经济领域的客户。但一些信托公司仍存有投机意识，哪个行业利润高就做哪个行业，或者做一单甩一单，从未尝试过深度维系老客户，或是用新模式解决老客户金融需求，或是从未主动引导客户重视供应链经营避免低质无序竞争。这是值得每家信托公司反思的问题。

3. 华能信托华能集团 2017 年度第一期资产支持票据信托计划

华能信托依托股东产业经验，利用供应链金融方式，不断开拓创新，为特定行业的供应链上下游企业提供金融服务，主要模式包括应收账款信托、预付款信托以及资产证券化产品等。

此次由华能信托牵头发行的以核心企业应收账款作为基础资产的公募资产证券化产品的基础资产为华能集团或其下属发电企业依据《中华人民共和国可再生能源法》《可再生能源电价附加补助资金管理暂行办法》和购售电合同，经营的可再生能源发电业务中已经产生的可再生能源电价附加补助资金应收账款。

　　通常这类应收账款因无法确权且投资收益较少而较难获得非标投资者认可，但通过证券化的交易结构设计如基础资产循环购买等安排，得以实现基础资产的可特定化，从而发行标准化产品，成功在公开市场募得低成本资金。该产品所募 5.3 亿元资金全部用于偿还核心企业债务，改善并优化了核心企业的债务融资结构。华能信托典型案例交易结构如图 7-16 所示。

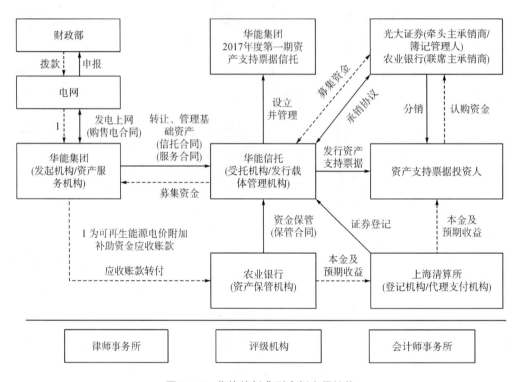

图 7-16　华能信托典型案例交易结构

　　作为国内首单完全出表型可再生能源电价附加补助资金资产证券化项目，该项目有以下创新点：第一，实现了入池资产全额出表；第二，设计了循环购买安排，不但提高了资金使用效率，而且循环购买的增量资产同样可以实现全额出表；第三，初始购买及循环购买均为平价购买基础资产，避免了因为折价购买在账务处理中产生损失。

　　这一产品的借鉴意义在于，信托公司可以借助信托的风险隔离优势，通过不断创新服务方式，既可以有效服务传统业务领域的原有客户，又可以积累新业务领域的服务经验。华能信托一方面向风电新能源的上游设备供应商提供融资，帮助下游企业节省采购成本、减少资金占用；另一方面运用信托型 ABN 等证券化工具，助力供应链核心企业盘活存量资产，降低融资成本，优化债务结构。

以上三个典型案例的相同之处在于这三家信托公司均"扬长避短"，即在自身现有优势基础上开展供应链金融业务。这样做的益处在于：一是风险可控、收益适中；二是虽培育期长，但投入产出比合理；三是可采用创新服务手段满足不同类型的客户的资金需求，增强客户黏性。而不同之处是，因为三家信托公司的资源禀赋不一样，所以每家信托公司开展具体业务的服务对象、业务类型、服务周期并不相同，各有特色。相信随着同类业务的逐步推广、实施，这三家信托公司必将积累更多的经验，推出具有更高风险收益比的业务品种。

三、证券公司供应链金融

处于供应链中上游的供应商，对核心企业依赖性强，议价能力较弱，为获取长期业务合作而采取赊销交易方式，从而形成了大量应收账款，存在强烈的资产变现需求。围绕核心企业信用反向延伸的供应链金融资产证券化，以核心企业应付账款（相应供应商的应收账款）为基础资产发行证券化产品。通过这种创新模式，可以实现优质应收账款资产的"非标转标"。下面以方正证券股份有限公司供应链金融实践案例[①]为例介绍证券公司的供应链金融业务模式。

方正证券股份有限公司（简称"方正证券"）是中国首批综合类证券公司，上海证券交易所、深圳证券交易所首批会员，于 2010 年改制为股份有限公司，并于 2011 年在上海证券交易所上市（股票代码：601901）。2018 年至 2020 年 12 月，方正证券作为管理人发行的企业 ABS 产品共计 97 只，发行规模共计 861.52 亿元。其中，发行的供应链 ABS 产品共计 68 只，发行规模共计 553.65 亿元。

方正证券作为金融机构，凭借于多年积累的经验和资源，为建筑企业提供资产证券化服务，可实现资产的变现盘活，拓展企业的融资渠道，为建筑企业增加金融工具，缓解建筑企业的流动性压力，可实现债项评级高于主体评级，降低融资成本。

方正证券-中企云链-水电八局供应链金融产品的基础资产为初始债权人（供应商）因申请保理服务而转让给原始权益人云链保理，并同意云链保理出售给专项计划的应收账款债权。应收账款债权始于供应链上游供应商因向债务人水电八局及其子公司提供境内货物/服务贸易或境内工程承包/分包服务等，而对债务人水电八局

---

① 方正证券-中企云链-水电八局首期供应链金融 ABS 成功发行［EB/OL］.（2019-10-28）［2024-12-07］. http://caifuhao.eastmoney.com/news/20191028113924846121460.

享有的债权。方正证券作为计划管理人设立并管理资产证券化专项计划，云链保理将保理债权转让给专项计划，以应收账款债权为底层资产，未来债权的实现为现金流来源，向符合相关要求的投资者融资。云链保理作为本专项计划的资产服务机构，对方正证券在专项计划下合法持有的基础资产进行应收账款付款提示与催收、基础资产池监控、交易信息记录等，并由云链保理向各融资方（供应链上游小微企业）发放保理融资款项。

其交易结构图如图 7-17 所示。

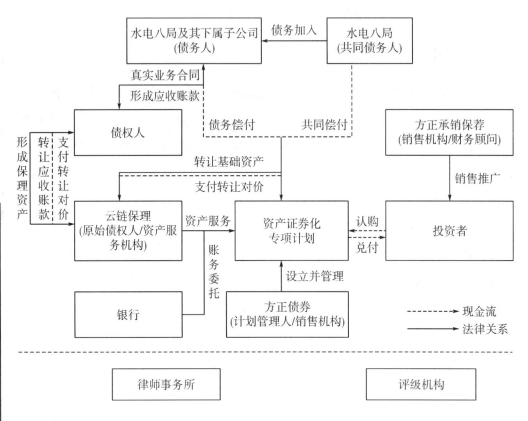

图 7-17 方正证券典型案例交易结构

本专项计划借助水电八局的信用，将信用穿透至产业链多级供应商，盘活供应链上游供应商的资产，提高建筑行业末端中小微企业融资能力，切实解决建筑行业末端中小微企业融资难的问题。同时，方正证券较高的融资风险管理能力有助于建筑企业供应链金融的风险管理。

从方正证券-中企云链-水电八局供应链金融产品的设计、发行与运行来看，证券公司在建筑供应链金融中的角色和作用主要体现在以下方面：

（1）提升项目的融资能力，缓解建筑企业的流动性压力，降低融资成本。

证券公司运用多年积累的资源，为相关企业提供包括并购、产业基金、存量资产的再证券化、多种形式的融资以及闲置资金财富管理等综合服务，担任企业的"现代财务总监"。

（2）使供应链金融平台资金渠道更加多元化。

传统供应链金融是由单一银行搭建的平台，受单一银行自身实力、风险偏好、客户准入等因素影响，导致其他银行、其他金融机构、其他的类金融机构无法对接平台，证券公司的加入使资金来源更加多元化，满足供应链不同时期、不同资信、不同规模企业的不同需求。

（3）丰富供应链金融平台的产品类型。

供应链金融的产品是供应链产品+金融产品，单一银行因为受到管制，搭建的平台会限制平台产品的范围，并且存在难以控制风险、效率低等问题。证券公司加入后可进一步引入多方机构参与，在资产证券化融资模式设计方面具有一定的灵活性。

（4）有助于供应链金融的风险管理。

风险管理是证券公司持续发展、基业长青的基础。近年来，证券公司风险管理能力评价指标和标准不断完善，全面风险管理能力日益突出，较强的融资风险管理能力有助于供应链金融的风险管理。

（5）解决应收和应付账款的期限错配问题。

在供应链上下游企业之间，应收账款与应付账款的期限往往不能相互匹配，证券公司帮助企业实施资产证券化，解决应收账款与应付账款期限错配问题。

（6）为建筑行业相关企业上下游直接融资提供便利。

相比银行降低行业中中小企业授信门槛的方式，在供应链金融的布局上，证券公司通过 ABS 承销的方式为核心企业上下游提供融资服务，提高融资效率，并将其中的某些资产分散和转移到资本市场中。

第五节　专业化的供应链金融服务平台案例

联易融于 2016 年 2 月成立于广东省深圳市，主要股东包括腾讯、中信资本、新加坡政府投资以及渣打银行等国内外大型企业及金融机构。2021 年 4 月，联易融于港交所主板正式挂牌上市，股票代码为 09959.HK。根据灼识咨询数据，联易融连续四年蝉联中国供应链金融科技解决方案提供商市场占有率第一名[①]。

联易融致力于通过科技和创新来重新定义和改造供应链金融，成为全球领先的供应链金融科技解决方案提供商。作为腾讯 ToB 战略生态圈的核心成员之一，联易融响应国家普惠金融的号召，聚焦于 ABCD（人工智能、区块链、云计算、大数据）等先进技术在供应链生态的应用，以线上化、场景化、数据化的方式提供创新供应链金融科技解决方案。联易融的云原生解决方案，可优化供应链金融的支付周期、实现供应链金融全流程数字化，提升整个供应链金融生态系统的透明度和连通性。

通过定制化的解决方案和行业领先的科技基础设施，联易融能为供应链金融生态圈的各方带来切实价值，满足核心企业和金融机构不断发展的业务和科技需求，同时为中小企业提供优质的融资体验，支持实体经济发展。

围绕核心企业云、金融机构云、跨境云、蜂控云、票据平台等多个业务板块，联易融服务于供应链核心及链属企业与金融机构，为其提供便捷高效的供应链金融科技服务。截至 2022 年上半年，联易融累计资产服务规模超过 6 700 亿元，已经与880 家核心企业和 308 家金融机构达成合作，其中包括中国百强企业中的 43 家；客户覆盖 32 个省级行政区，服务了超过 16 万中小微企业。联易融还推出了中国首个基于区块链的跨境供应链融资平台，海外业务也处于快速发展阶段。

联易融的核心优势为金融科技与供应链的深度结合，其业务主要包括供应链金融 AI 解决方案、区块链服务云平台 BeeTrust、供应链金融全栈云原生解决方案以及分别针对核心企业、金融机构、跨境商务和风险控制的相关技术服务。联易融基于腾讯的科技背景，将互联网技术与供应链服务有机结合，聚合其相关的资源优势，打造供应链金融的新生态。

---

① 2022 中国供应链金融科技行业蓝皮书 ［EB/OL］.［2025－01－22］. https://www.cninsights.com/html/news/34/3/.

供应链金融 AI 解决方案以解决供应链金融场景实际需求为目标，打造 AI 技术产品及服务。联易融的技术产品共包括十个种类，分别为智能中登、资产智能审核、跨境审核、智能司法、蜂投精灵、蜂保精灵、财报智能解析、智能文字识别平台、智能文档审阅和低代码深度学习。绝大多数功能集成前沿 AI、RPA、NLP 技术，致力于解决供应链金融中查询、审核、数据比对等关键性问题，提升供应链金融服务的效率和准确度。

区块链服务云平台 BeeTrust 致力于打造全球领先的供应链金融科技服务平台。联易融从供应链金融行业实际出发，结合区块链、云计算等核心技术能力自主研发企业级区块链服务云平台 BeeTrust，为链上参与各方提供底层适配、隐私保护等一站式解决方案。同时，以产业联盟的形式实现平台价值，优化企业的资金需求与资本市场对接生态环境。技术架构如图 7-18 所示。

供应链金融全栈云原生解决方案致力于提升供应链金融生态系统的透明度和连通性。企业之间的供应链金融要求业务系统稳定性较高和方便整个融资生命周期的管理。基于以上企业供应链金融面临的挑战和问题，联易融推出完整的 DevOps 工具链，运用容器技术支撑应用标准化交付，实现业务的快速测试、部署和交付。

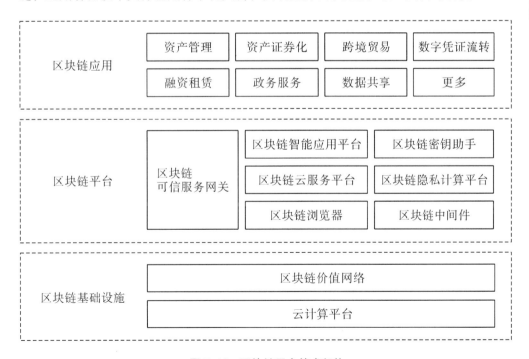

图 7-18 区块链平台技术架构

2023年2月，联易融小微蜂（以下简称"小微蜂"）与优材优建（青岛）供应链科技有限公司（以下简称"优材优建"）达成战略合作伙伴关系，共同推出"U易融"供应链金融服务平台。平台提供平安银行、微众银行等多家金融机构产品，满足客户在票据贴现、信用融资及产业链融资方面的资金需求。

优材优建是建筑行业的数字供应链平台，业务方向涵盖公共建筑、房地产、工业厂房、基建等建筑全生产领域。平台践行供给侧结构性改革和"双碳"政策，利用互联网技术提高建筑行业供应链效率，助力企业降本、提效、赋能、增量，引领建筑行业供应链数字化转型。

联易融小微蜂是联易融旗下的线上化、数字化、智能化企业服务平台，作为产业互联和金融科技的桥梁，可提供数据模型、金融风控、立体化运营等服务，能够高效对接供应链资产与资金方。

联易融小微蜂与优材优建携手共建"U易融"供应链金融服务平台，旨在为建筑行业中处于资金周转困境以及面临运营资金难题的优材优建平台用户匹配更多资金投资方，保障资金支持，帮助其获得资金并实现企业的运转。合作产品涵盖票据产品、信用产品以及产业链产品，以便捷的速度和令人满意的服务实现资金的周转。

思考题

1. 传化的"运易融"模式属于哪种供应链金融业务模式？

2. 普洛斯的供应链金融业务包含哪些模式？其特点分别是什么？

3. 怡亚通的供应链金融业务涉及哪些模式？面临的困境是什么？

4. 试举例说明其他物流企业主导的供应链金融模式。

5. 上述三个物流类案例公司的供应链金融业务发展历程有何相似之处？

6. 大型零售商开拓各类供应链金融业务的优势和弊端有哪些？

7. 金融科技在供应链金融业务中扮演怎样的角色？

8. 海尔集团开展供应链金融业务的动因和优劣势是什么？

9. 福田汽车的供应链金融业务有何特点？

10. 新希望六和的农牧生产供应链金融生态是如何构建的？

11. 商业银行开展供应链金融有什么优势？

12. 中信银行是如何为制造业提供供应链金融服务的？

13. 平安银行为各类中小微企业提供金融服务的意义是什么？

14. 试举例说明其他商业银行开展供应链金融业务的案例。

15. 信托公司开展供应链金融业务有什么优势？

16. 试举例说明其他信托公司开展供应链金融业务的案例。

17. 证券公司开展供应链金融业务有什么优势？

18. 方正证券股份有限公司在建筑行业供应链金融中的角色和作用是什么？

19. 试举例说明其他证券公司开展供应链金融业务的案例。

20. 联易融的供应链金融服务模式的核心竞争力是什么？

21. 请解释联易融供应链金融服务模式的商业逻辑。

第八章
供应链金融风险案例

第一节 行业风险案例

一、Y 公司：质押资产市场波动及减值

1. 案例概要

Y 车轮有限公司主要生产汽车轮毂，铝轮毂项目设计年生产铝轮毂 300 万只。公司生产工艺较为先进，先后从韩国、德国、英国购置关键的生产设备和检测设备，提高了产品精度和合格率，也分别从同业引进了一些高级管理和技术人员，具有一定的先进生产管理经验，建立了一套比较严密规范的生产操作流程。公司于 2009 年底通过 ISO/TS16949 质量认证及 VIA.SFI.JWL.TÜV 产品认证。

某行于 2013 年 11 月给其核定授信总量 4 000 万元，期限一年。总量项下包括：短期流动资金贷款额度 2 000 万元，国内信用证额度 2 000 万元（保证金比例不低于30%）。授信总量中 3 000 万元分别由实际控制人提供相应的房产及商业用地作抵押担保；1 000 万元由借款人提供价值 2 856 万元的铝轮毂作质押担保，铝轮毂价值为2013 年 12 月办理质押登记时的评估价值（铝轮毂在银行货押授信业务准入货物名录内）；并由公司实际控制人夫妇提供无限连带保证担保责任。公司正常营运时可实现年销售 5 亿元，利润 2 000 多万元。

近年来，由于受内外部经济环境的影响，加上固定资产投资过大，新厂区虽已竣工，但资金链断裂，借款人无力投产运营。银行的贷款全部进入了不良类资产，借款人提供给银行质押的铝轮毂一直由专业的监管公司安排两人进行监管，存货自

质押给银行时起一直未变动，存货保管情况正常。

银行在进入司法诉讼和执行阶段处置该质押物时，却困难重重，主要是寻找买家较难，铝轮毂变卖较为困难，市场价格非常不理想。由于该产品的技术更新较快，买卖双方对 13~15 寸轮毂是否认定为成品而不是废铝产生了分歧，有意向购买者只愿意以废品价格进行收购。银行虽通过网络渠道等积极寻找买家，但均未成功。且即使最终能变现，该货物的价格也将大打折扣，加上每日增加的监管费用，预估银行的损失将较大。

2. 案例解读

根据银行货押授信管理办法的规定，货押授信业务是指授信申请人以银行认可的货物为质物，向银行申请的短期授信业务（含短期贷款、开立银行承兑汇票、票据贴现、开立信用证、保函及其他融资业务）。在债务人不履行债务或发生约定实现债权的情形时，银行有权处置质押货物，并用拍卖、变卖和转让该货物的价款优先受偿。

制造业的生产、加工、销售实际上是一个较长的链条，针对这个链条上的不同环节，银行都可以嵌入提供授信融资业务，包括投入融资、生产融资、加工融资、存货融资、应收账款融资等。这主要看各银行的风险控制经验与手段，以及风险偏好。

货押授信本质上属于贸易金融项下供应链金融的范畴。银行货押授信管理办法也对货押授信有明确的规定：货物质押对应授信限用于借款人特定交易项下临时性资金需求或与未来约定收入相对应的先期支付等，不得用于固定资产投资、股本权益性投资以及股票、期货投资，还款来源为对应的未来销售收入或其他合法收入；授信资金用于真实、合法的货物、劳务交易。一方面，自偿性和资金封闭运行是实施供应链金融的理论基础；另一方面，贸易金融提供结算融资等多种服务是供应链金融的产品基础。

供应链金融应该是贸易金融的延伸和深化。贸易融资作为商业银行的一项传统业务，一直以来以其低风险、低资本占用、高收益的特点为商业银行所推崇，近年来在我国的银行业也得以迅速发展。

在货押授信融资业务中，金融机构通常会要求融资企业提供担保。从本质上来说，货押授信融资就是一种利用货物或货权凭证作为质押的融资，是银行以生产企业或贸易商采购和销售过程中持有的商品或生产原料为质押标的，向其提供的短期融资，所以货押授信业务要求银行有较高的风险监控、识别分析能力和较高的操作技能，掌握该货物真实的市场需求和融资企业下游客户的购买实力、信用等。同时，银行对质押货物的管理和控制非常重要，如融资企业（生产商或贸易商）不能在贷款期限内偿还贷款，银行就会在市场上拍卖或变卖质押货物（简称"担保物"），以补偿贷款本金及利息。

货押融资重点需要控制担保物的产权风险、担保物的监管风险、担保物的市场风险和变现风险，谨慎选择质押物，对特种质物的下游市场要进行全面的调查分析。

（1）控制担保物的产权风险。

借款人必须对质押货物有完整的所有权。质押货物是授信申请人在生产、经营过程中合法占有，不存在所有权、货款、税收等方面的纠纷和争议的大宗原材料、产成品和存货。担保物的产权风险首先来自担保物的合法性风险。

企业所提供的担保物一般为产成品或大宗物资，其所有权没有行政机构提供的合法有效的证明。银行首先应确认在该担保物上不应附加其他的担保权利，以保证融资企业完全控制和占有担保物。在通常情况下，用于设定质押的担保物应当是权属清晰、不存在争议的货物；但质押货物普遍存在难以特定化的特征，这就使得融资企业有可能串通仓储、物流企业，就同一批货物开出远超实际数量的仓单或其他物权凭证，并将其用于向不同银行或企业进行重复和多头质押融资。而权利人（提供融资的金融机构）在接受该项担保时，很难对用于质押的货物进行盘点并将其特定化。一旦融资企业出现资金风险，就会出现多个权利人持有合法有效的货权凭证主张权利。为此，授信银行必须要求借款人对拟质押的货物提供相对应的购销合同、增值税发票、付（收）款证明等足以证明权属的单据，且进口货物要求已付清有关税费；如是国家限制经营或特许经营的货物，融资企业必须持有相关的批准文件或许可证件。质押货物原则上应是授信申请人主要经销、生产和使用的货物。

（2）科学控制担保物的监管风险。

在质押融资业务中，对质物的管理和控制是风险控制的核心。银行必须对各种潜在的风险加以考虑，如对担保物的监管和保存能否有效防止损坏、破坏、变质等。由于银行一般不具有对货物的监管能力，需要选择与有专业资质的第三方物流仓储公司合作，把质押货物管理外包给这些专业的公司，即质押物管理者。

原则上，应优先选择地理位置优越、靠近专业市场、交通便利、货物流量大、具备一定的对质押货物进行估价和质量检验的能力、拥有专业管理设备和技术、具备高效的进出库信息传递系统等软硬设施条件的专业监管公司和符合上述条件的物流公司。同时，质押货物管理公司应有完善的组织机构、内部管理规章制度、良好的资信状况，配备有一定数量的具有专业资质的管理人员，具备较强的监管能力和履约能力，能实际控制相关货物，无与所监管货物相同的自营业务。

（3）控制担保物的市场风险和变现风险。

由于货押融资是以货物本身为质押品，并以其未来所对应的应收账款为第一还款来源的短期融资行为，银行就会面临质物的适销性风险以及价格波动风险等市场风险。

在质物的市场风险中，最重要的是价格风险。银行需要在货押融资的整个过程中监控质物是否足值。在核押定值时，质押货物的价值应按其进价或成本价、本地区合理考察期市场平均价格两者中的较低者确定。若贷款期限超出出质人预付仓储费、监管费等相关费用的期限，在认定质押货物的价值时必须扣减未付的费用。在具体的操作中，银行可以对库存和价格走势进行综合分析，依靠互联网搭建信息咨询平台，质物的价值核定以市场价为主，并且需要参照期货市场报价和现货交易发票价确定货值。当质物价格跌幅较大导致质物价值跌破核定警戒线或质押率时，银行要及时通知融资企业追加保证金和增加相应的质物，以确保质物货值达到融资的设置比例要求。

（4）谨慎选择质押物。

确保货押融资的安全性首要的是选好质物。银行在货押融资中要慎重接受变现能力差、市场前景不明、销售渠道狭窄、市场价格透明度不高、质量标准不规范的商品。要充分了解和掌握质物的变现能力。对质物的种类要有一定的限制。一般选择适用广泛、易于处置、变现能力较强、质量稳定的商品，如黑色金属、有色金属、有关国计民生的战略储备物质等。谨慎接受半成品、销售渠道较窄、易变质等物理性质不稳定的押品。原则上要求质物物理、化学特性稳定，便于运输、存储，不易毁损、变形、变质、挥发，能够合理预测损耗；具有可分割性，规格明确、便于计量，具有清晰和便于掌握的质量标准；具有较为成熟的交易市场，价格总体波动不大，能够合理预测价格区间，便于折价变现；有通用性，用途广泛；质量合格，并符合国家有关标准。

（5）对特种质物的下游市场要进行全面的调查分析。

货物质押授信融资本质上是针对企业某个生产环节或节点所提供的短期融资。

企业的多元化也决定了不是所有的融资企业都可以提供大宗商品作质押的。因此，对于一些企业在某个生产或贸易环节所提供的特种质押物，包括半成品、市场需求较窄或物理性能不稳定的质物，资金方一定要对其贸易背景、结算方式、下游客户的信用与实力等做一个综合的分析评判，对质押物市场价格波动的峰、谷点要全面掌握和了解，以有效防范融资企业的下游企业的失信风险，确保货押融资所对应的应收账款安全回归，规避以后在处置中的价格风险。

3. 案例分析

某行给予 Y 有限公司的 3 000 万元授信总量，其中 1 000 万元以该公司汽车铝轮毂作为货押，该质押物处置难、价格低，最终银行将面临较大的损失。

首先，风险审批端未对质押物做全面的风险评估，未对企业整体运行情况、生产情况等进行分析，未对汽车铝轮毂产业链、行业周期、市场需求等进行风险评估。

其次，未有真实贸易背景作短期融资的支撑。货押授信融资是一种用货物质押或融资，是银行以生产企业或贸易商采购和销售过程中持有的商品或生产原料为质押标的、向其提供的短期融资，所对应的是某个生产节点或销售阶段的短期资金需求，必须以真实的贸易背景作支撑。而该笔贷款未有相应的贸易背景作支撑，短期资金融通长期化。

再次，货押融资流贷化。货押融资必须对应相应的贸易背景，一笔一清、一一对应、资金封闭管理是其最大的特征。货押融资的款项应该用于与之相对应的贸易，贸易结束必须到期全部收回，融资的自偿性是货押融资的本质特征。而在本笔贷款中，货押融资的资金被挪用于企业的日常经营周转，而伴随着汽车铝轮毂技术的日益进步和同业竞争的加剧，质押物错失了最佳的销售季节最终沦为了废品。

最后，质押物的选择不当。借款人提供的是技术进步较快的汽车半成品配件铝轮毂。汽车技术进步较快，半成品市场相对较窄，导致银行在处置该质押物时，有意向的购买者只愿意将其作为废品来收购。

第二节　经营风险案例

操作风险是当前业界普遍认同的供应链金融业务中最需要防范的风险之一。供应链金融通过自偿性的交易结构设计，对物流、信息流和资金流的有效控制，专业化的操作环节流程安排以及引入独立的第三方监管等方式，构筑了独立于企业信用风险的第一还款来源。但这无疑对操作环节的严密性和规范性提出了很高的要求，并造成了信用风险向操作风险的位移。操作制度的完善性、操作环节的严密性和操作要求的执行力度将直接关系到第一还款来源的效力，进而决定信用风险能否被有效屏蔽。

在供应链金融模式下，为发挥监管方在物流方面的规模优势和专业优势，降低质押贷款成本，银行将质物监管外包给物流企业，由其代为实施对货权的监督。但此项业务外包后，银行可能会减少对质押物所有权信息、质量信息、交易信息动态了解的激励，并由此引入了物流监管方的风险。

由于信息不对称，物流监管方会出于追逐自身利益而做出损害银行利益的行为，或者由于自身经营不当、不尽责等致使银行质物损失。如个别企业串通物流仓储公司有关人员出具无实物的仓单或入库凭证向银行骗贷；或者伪造出入库登记单，在未经银行同意的情况下，擅自提取处置质物；或者无法严格按照操作规则要求尽职履行监管职责导致货物质量不符或货值缺失。

一、C 公司轮胎质押案：疏于监管导致质押物短少

1. 案例概要

C 公司以价值 1 600 万元的轮胎质押向银行贷款 800 万元，上述货物交由某监管公司监管。监管期间，某监管公司的监管员擅离职守，外出饮酒彻夜未归，当夜质押的轮胎被人哄抢，在监管员回来后，仓库仅余价值 70 万元的轮胎。由于借款企业法定代表人去向不明，无法联系，且质物被人哄抢，银行当即与监管公司协商，要求监管公司赔偿，但监管公司百般推诿。最后银行将监管公司起诉到法庭，要求赔偿与贷款及利息相当的质物损失。

2. 案例评析

银行向客户发放授信，客户以动产作质押担保。作为客户的第二还款来源，质押物的安全直接决定了银行授信的安全，而监管方能否监管到位是影响质押物安全的关键。近几年，由于货押授信的兴起，货押监管公司也如雨后春笋般纷纷成立，监管公司难免良莠不齐，对监管公司的选择也就尤为重要。在本案中，监管公司的监管员脱离工作岗位，监管公司员工素质可见一斑；出现问题后，监管公司理应面对现实，积极解决问题，但却百般推诿，严重缺乏职业道德；而且该公司虽然注册

资金达亿元，但既无固定资产，也无多少存款，其赔付能力值得怀疑。

银行在选择监管公司时，应重点选择制度健全、操作规范、实力雄厚的监管公司，在本地成立且有自己的仓库或保管场地更佳。

二、H 创投公司案：被骗贷 1 亿元

1. 案例概要

H 创投公司于 2009 年 3 月正式上线运营，专注于互联网金融服务。作为国内成立较早的互联网金融服务平台之一，H 创投公司致力于推动中国实体经济发展，为小微企业解决融资难融资贵的难题。

H 创投公司最先涉足的是 P2P。为了最大限度地控制风险，彼时该行业流行纯信息中介道路，即投资者要承担单个标的违约风险。H 创投公司董事长决心走一条不一样的道路，向投资者保证任何标的出现风险时都会由平台兜底。在当时的市场环境下，H 创投公司的这一做法让其在短时间内积累了大量的忠实投资者，平台人气和交易规模直线上升。

此后，与市场上流行的小额借贷标的不同，H 创投公司开始朝着大额资金借贷标的发展，走出了一条与众不同的道路。H 创投公司的大单动辄几千万元，有些标的甚至达到了几亿元的规模，大单标的主要涉及房地产、造纸、商品贸易、食品等行业。

2014 年 8 月，G 纸业项目的 4 家公司在 H 创投公司出现 1 亿元坏账。G 纸业项目的融资模式可归属于运营阶段的动产质押融资模式。参与主体包括 C 纸业、L 纸业、M 贸易、J 纸业，这些公司均为纸张、纸浆贸易公司，用货物质押融资弥补现金流缺口。

本次供应链金融的完整运作模式如图 8-1 所示。

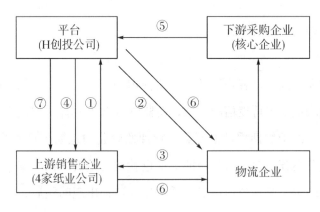

图 8-1 运作模式

具体流程为：

①4 家纸业公司向平台申请货物质押贷款；

②平台委托物流企业对这 4 家纸业公司提供的货物进行价值评估；

③物流企业进行价值评估，向平台出具评估证明；

④货物状况符合质押条件，平台核定贷款额度，与 4 家纸业公司签订质押合同；

⑤平台与核心企业签订回购协议；

⑥平台与物流企业签订仓储监管协议；

⑦4 家纸业公司将货物移交物流企业，物流企业对 4 家纸业公司移交的货物进行验收，并通知平台发放贷款，平台向 4 家纸业公司发放贷款。

2. 案例解读

在供应链动产质押融资模式下，一般来说，平台借助物流企业的监管和核心企业的担保，能够对中小企业质押货物进行有效的物流跟踪、价格监控与损失控制。

平台与物流企业签订仓储监管协议，由物流企业提供质押货物的保管、价值评估、去向监督等服务；平台与核心企业签订担保合同或质物回购协议，约定在中小企业违反约定时，由核心企业负责偿还贷款或回购质押货物，供应链核心企业往往规模较大，实力较强，所以能够提供担保。

因此，在整个过程中，物流企业的操守与核心企业的担保实力是确保贷款安全的关键。而 H 创投公司此次纸业项目融资恰有两点疑惑：物流企业尽职了吗？下游核心企业是否或能够履行担保责任？

答案显而易见，物流企业并没有尽职。H 创投公司负责人说："借贷企业与物流企业合伙将货物重复质押给银行骗贷。"众所周知，质押的货物应符合货权清晰、价格稳定、流动性强、易于保存的特征，平台风控人员应加强对质押物权属来源的审查。

下游核心企业为 G 集团股份有限公司，其实际控制人也是 J 纸业的实际控制人，同时 C 纸业、L 纸业、M 贸易均与 J 纸业公司关联。GJ 集团下有纸浆交易所、供应链公司、物流园等，H 创投公司纸业项目涉及的 4 家纸业均为 G 纸浆交易所会员。

如若上述公司均关联，且 H 创投公司所选的物流企业也是 GJ 的下属的公司的话，那么 H 创投公司卷入的是一个惊天骗局。

3. 案例评析

此次事件的风险点如下：

（1）政策风险。

政策风险指产业结构政策的变化影响整个产业链，容易导致风险集中暴发。以G纸业项目为例，我国是纸业大国但非纸业强国，纸业产能过剩且污染严重，很多生产力低下、污染大的纸业公司面临着倒闭的风险，会影响产业链上诸多企业。

（2）行业风险。

行业风险指行业受宏观经济环境、行业竞争结构与关联行业的影响而出现的风险。以纸业为例，随着无纸化办公趋势愈加明显，纸张需求变少，销售进入瓶颈。目前纸业产能过剩，强势产业链已经完成产能布局并形成规模经济和议价优势，而竞争能力较差的产业链议价能力很低。正如某纸企人员所说，"目前，纸浆贸易很不好做，一吨纸浆的净利润相比以前下降了很多"。纸业对原料依赖性强，近年原料价格攀升，缩小了纸业利润空间。

（3）企业信用风险。

企业风险指核心企业信用引发的风险。供应链本身也是一条信用链，处于供应链主导地位的企业必须有良好的信誉，经营长期稳定、盈利能力强、发展前景良好。同时核心企业必须能与上下游企业建立长久的供应链战略伙伴关系。所以，供应链融资的核心风险在于核心企业。本次事件的后续进展如何，就在于H创投公司能否从核心企业即担保企业处获得相应的代偿金额。

（4）市场风险。

市场风险指质押货物或企业资产的市场价格波动的风险。在供应链金融中，质押货物和企业资产是收回贷款的最后防线，若其市场价格下降，将给借贷业务带来风险。

（5）操作风险。

操作风险指不完善或有问题的内部操作过程、人员、系统或外部事件而导致直接或间接损失的风险，易发生于仓储物流中。H创投公司G纸业项目中，借款企业跟物流企业合伙将货物重复质押给银行骗贷，导致极大的操作风险。在民间借贷或者网贷行业中，操作风险比较常见，这无疑是网贷平台风控面临的一大难题。

因此，如何精准分析政策风险、行业风险、企业风险、市场风险和操作风险，如何有效监控质押货物，是每个涉足供应链金融的企业不得不思考的问题。

第三节 信用风险案例

虽然供应链金融通过多重信用支持技术降低了银企之间的信息不对称和信贷风险，弱化了上下游中小企业自身的信用风险，但作为直接承贷主体的中小企业，其公司治理结构不健全、制度不完善、技术力量薄弱、资产规模小、人员更替频繁、生产经营不稳定、抗风险能力弱等问题仍然存在，特别是中小企业经营行为不规范、经营透明度差、财务报表缺乏可信度、守信约束力不强等现实问题仍然难以解决。

与此同时，在供应链背景下，中小企业的信用风险已发生根本改变，不仅受自身风险因素的影响，而且受供应链整体运营绩效、上下游企业合作状况、业务交易情况等各种因素的综合影响，任何一种因素都有可能导致企业出现信用风险。

一、S 电气子公司：86 亿元应收款计提损失事件

1. 案例概要

S 电气通讯技术有限公司（以下简称"S 通讯公司"）成立于 2015 年，是 S 电气集团股份有限公司（以下简称"S 电气"）的控股子公司，主要生产、销售专网通信产品。

2021 年 5 月 30 日，S 电气发布《关于公司重大风险的提示公告》，公司控股子公司通讯公司应收账款普遍逾期，存在大额应收账款无法收回的风险。截至公告日，S 通讯公司应收账款余额为 86.72 亿元，账面存货余额为 22.30 亿元，公司向 S 通讯公司提供的股东借款金额合计为 77.66 亿元，均存在重大损失风险。

S 电气还表示，截至 2020 年年末，公司对 S 通讯公司的股东权益账面值为 5.26 亿元，若 S 通讯公司出现应收账款无法收回、存货无法变现等重大损失，将导致母公司权益投资全额损失，从而减少公司归母净利润 5.26 亿元；另加上因 S 通讯公司可能无法偿还公司向其提供的股东借款 77.66 亿元，在上述极端情况下，最终可能对公司的归母净利润造成 83 亿元的损失。

2. 案例分析

在本案例中，潜藏着以下风险：

第一，客户信用风险。客户未能按时支付款项是造成企业出现坏账的直接原因。

为减少客户信用风险，企业需要在业务开展之前对客户的信用度和债务偿还能力进行审验。S通讯公司主要的5大客户均有国资背景，S通讯公司与其开展业务合作时，采取了相对激进的销售策略，供货时对这几大客户只预收10%的货款，其余货款采用赊销的形式，形成了较大的客户信用风险敞口。此次事件也进一步说明即使是有国资背景的公司，在与其开展业务时仍须充分尽调，对其履约能力做相应评估，否则一旦客户违约，便会出现大额坏账，影响公司运营。

第二，现金流风险。在买方市场中，赊销被企业普遍运用。虽然该方式能有效地提升企业盈利能力，但是如果对应收账款规模管控不当，会造成企业现金流短缺，引发一系列事故。S通讯公司90%的货款采用赊销的形式，产生了大量的应收账款，对企业现金流形成较大压力。此次事故的发生反映出S通讯公司对赊销产生的应收账款规模管控不到位，导致公司存在一定的现金流风险。

第三，企业管控风险。集团母公司作为整个集团的中枢，须履行相应的管控职责，以促进子公司有效地开展经营管理活动。在案例中，S电气作为S通讯公司的母公司，且同时为其提供大额股东借款，未能充分履行相应的管控职责，及时发现S通讯公司应收账款的异常情况，指导和督促其整改并落实，反映出S电气对子公司的监管不到位，存在企业管控风险。

第四，廉政风险。公开数据显示，S通讯公司2020年营业收入为29.84亿元，应收账款、应收账款融资和应收账款表外融资的合计数就已高达86.72亿元，S通讯公司财务数据异常情况较为突出。S电气发布《关于公司重大风险的提示公告》前后，上海市纪委、监委分别发布消息称，S电气原两位高管吕某、郑某涉嫌严重违纪违法，已接受上海市纪委、监委纪律审查和监察调查，也说明该财务数据异常背后可能存在一定的廉政风险。

应收账款是企业资产的重要组成部分，它的管理是否完善直接影响着企业的发展。因此，企业可以通过编制客户白名单、减小客户信用风险敞口、降低坏账率，同时完善采购和供应模式，减少垫资业务，以控制应收账款规模。此外，企业还可以健全内部管控制度，保证集团体系业务有序开展，避免子公司业务偏离正轨。总而言之，应收账款作为一把双刃剑，企业需要对其进行科学合理的控制，才能更好地促进企业健康发展。

思考题

1. 谈谈你从本案例中获得的启发。

2. 如何预防质押物减值带来的风险？

3. 供应链金融的经营风险有哪些？如何预防？

4. 开展供应链金融业务的平台企业如何避免发生类似风险？

5. 供应链金融的信用风险表现在哪些方面？

6. 如何降低上下游企业的信用违约？

第三篇　前沿进展

第九章
供应链金融的研究综述
和创新进展

第一节　供应链金融的研究综述

一、演进趋势

1. 国内供应链金融文献的统计分析

通过 CNKI、万方、维普等中文期刊数据库设置高级检索，对国内供应链金融相关文献进行搜索整理，其中主题和关键词为"供应链金融/资金约束/融资服务"，期刊为"北大中文核心期刊"，文献分类为"信息科技"和"经济与管理科学"。检索结果如图 9-1 所示。本次文献检索时间截至 2020 年 5 月底，剔除重复文献，CNKI、万方和维普数据库中按照检索要求检索出文献 716 篇，剔除与本书内容不符的 34 篇，最终符合要求的为 682 篇。对符合本书要求的文献进行细分，其中供应链金融模式 102 篇（其中核心企业主导的供应链金融模式 47 篇，商业银行主导的供应链金融模式 40 篇、物流企业主导供应链金融模式 15 篇），供应链金融融资方式 113 篇（其中存货质押融资 37 篇、应收账款融资 33 篇、应付账款融资 15 篇、保兑仓和融通仓 28 篇），供应链金融风险管理 152 篇，供应链金融绩效管理 102 篇，基于区块链和大数据的新型供应链金融研究 22 篇，其余为供应链金融概念、综述类文献和中小企业实证研究。

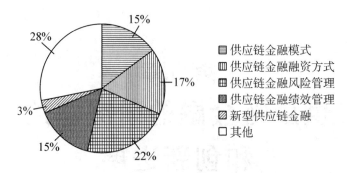

图 9-1　国内供应链金融研究内容

见图 9-1，学者对供应链金融的风险管理关注度最高。随着技术进步和环境变化，近年来供应链金融的研究内容在风险管理和新型供应链融资方式方面会保持较高热度。

国内学者对供应链金融的相关研究起步于 2005 年，随后文献数量逐渐增加，整体处于蓬勃发展阶段。2015 年后，随着互联网、人工智能、区块链的兴起，供应链金融领域相关文献每年平均维持在 70 篇左右。国内供应链金融文献数量趋势如图 9-2 所示。

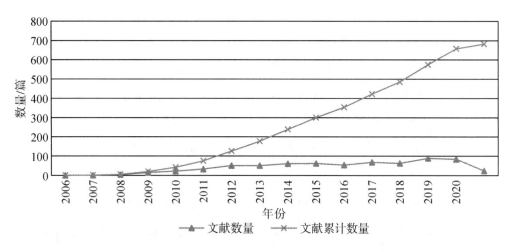

图 9-2　国内供应链金融文献数量趋势

2. 国外供应链金融文献的统计分析

以 supply chain finance/financial supply chain/capital constraints/budget constraints/credit/credit risk/financing 等主题词或关键词，重点检索 Web of Science、Science Direct、Wiley、Springer Link、EBSCO、INFORMS 等英文期刊数据库，剔除重复文献和不符合本书要求的文献，共检索出 403 篇（见图 9-3，检索时间截至 2020 年 5 月

底），其中融资渠道和融资方式 148 篇，信用担保和贸易融资 23 篇，供应链金融风险管理 95 篇，供应链金融参与方的绩效研究 51 篇，绿色供应链融资 10 篇，区块链和大数据在供应链金融的运用 10 篇，实证研究 33 篇，综述类文献 13 篇，其他相关文献 20 篇。由图 9-3 可知，外文供应链金融相关文献自 2007 年起显著增加，研究内容全面深入，涉及经济、金融、管理、计算机科学等学科领域。

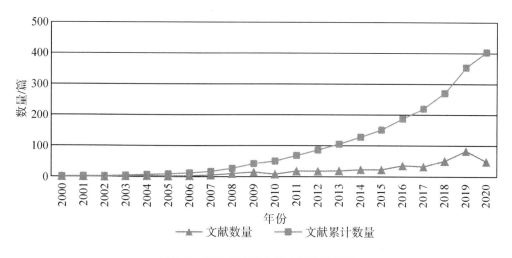

图 9-3　国外供应链金融文献数量趋势

从国内外供应链金融相关文献的统计分析可知，在数量方面，国外文献 2015—2019 年快速增长，而国内文献数量变化不大。在研究主题方面，融资渠道（含贸易信贷）和融资方式、风险管理关注度较高。通过对比相应主题的文献数量发现国外相关文献较多涉及信用担保和贸易信贷，而国内文献对此涉猎相对较少。

二、研究方法

为了解决供应链金融问题，需要基于优化模型和统计模型的定量计算方法来进行决策。这些方法技术涵盖管理学、经济学、计算机、社会学等多学科，涉及机器学习、大数据、算法、博弈论、计量经济、评价分析等多种方法。本书主要从基于优化建模的规范研究和基于统计或案例的实证研究两方面归纳总结国内外供应链金融文献涉及的具体研究方法。

1. 基于优化建模的规范研究

在供应链金融的研究模型中，最常见的是报童模型，考虑不确定性需求服从某种随机分布，侧重于关注微观层面的订货量、库存和风险等。近年来，机器学习与数据驱动模型也开始出现在供应链金融的研究中，这些方法往往需要合理的数据进行模拟研究，更加关注模型求解方法本身的优劣。具体如表9-1所示。

表 9-1 基于优化建模的典型研究

代表文献	研究方法	适用研究领域
Lu 等（2019）①；Shi 等（2020）②	随机需求、报童模型	订货量、库存和风险等的研究，需求不确定性对结果有很大影响，不可忽略
Yang 等（2019）③；Zhen 等（2020）④；Yan 等（2020）⑤	效用函数、价格需求函数	关注客户选择行为，研究渠道竞争、产品引入等策略选择，需求不确定性影响较小
Chen 和 Cai（2011）⑥；Sarmah 等（2008）⑦；Chen 等（2019）⑧；Alan 和 Gaur（2018）⑨；Dong 等（2019）⑩；Li 等（2020）⑪	博弈论	针对单周期、产品单一、成员之间存在利益主导的模型，求解方法简单
Zhu 等（2016）⑫；Zhu 等（2019）⑬；Li 等（2019）⑭；Cai 等（2020）⑮	机器学习和数据驱动模型	针对多周期、多产品的复杂模型，需要进行算法设计

① LU Q, GU J, HUANG J, et al. Supply chain finance with partial credit guarantee provided by a third-party or a supplier [J]. Computers & Industrial Engineering, 2019：440-455.

② SHI J, GUO J, DU Q, et al. Optimal financing mode selection for a capital-constrained retailer under an implicit bankruptcy cost [J]. International journal of production economics, 2020, 228, 107657.

③ YANG H, SUN F, CHEN J, et al. Financing decisions in a supply chain with a capital-constrained manufacturer as new entrant [J]. International Journal of Production Economics, 2019：321-332.

④ ZHEN X, SHI D, LI Y, et al. Manufacturer's financing strategy in a dual-channel supply chain: third-party platform, bank and retailer credit financing[J]. Transportation research part e-logistics and transportation review, 2020,133,101820.

⑤ YAN N, LIU Y, XU X, et al. Strategic dual-channel pricing games with e-retailer finance [J]. European Journal of Operational Research, 2020, 283（1）：138-151.

⑥ CHEN X, CAI G. Joint logistics and financial services by a 3PL firm [J]. European journal of operational research, 2011, 214（3）：579-587.

⑦ SARMAH S P, ACHARYA D, GOYAL S K, et al. Coordination of a single-manufacturer/multi-buyer supply chain with credit option [J]. International journal of production economics, 2008, 111（2）：676-685.

⑧ CHEN X, CAI G, SONG J J, et al. The cash flow advantages of 3PLs as supply chain orchestrators [J]. Manufacturing & service operations management, 2019, 21（2）：435-451.

⑨ ALAN Y, GAUR V. Operational investment and capital structure under asset-based lending [J]. Manufacturing & service operations management, 2018, 20（4）：637-654.

⑩ DONG L, REN L, ZHANG J. (2019). Financing small and medium-size enterprises via retail platforms. Available at SSRN. https://ssrn.com/abstract=3257899.

⑪ LI Y, GU C, OU J, et al. Supporting a financially constrained supplier under spectral risk measures：The efficiency of buyer lending [J]. Transportation research part e-logistics and transportation review, 2020, 136, 101894.

⑫ ZHU Y, XIE C, SUN B, et al. Predicting China's SME credit risk in supply chain financing by logistic regression, artificial neural network and hybrid models [J]. Sustainability, 2016, 8（5）：1-17.

⑬ ZHU Y, ZHOU L, XIE C, et al. Forecasting SMEs' credit risk in supply chain finance with an enhanced hybrid ensemble machine learning approach [J]. International journal of production economics, 2019：22-33.

⑭ LI H, MAI L, ZHANG W, et al. Optimizing the credit term decisions in supply chain finance [J]. Journal of purchasing and supply management, 2019, 25（2）：146-156.

⑮ CAI X, QIAN Y, BAI Q, et al. Exploration on the financing risks of enterprise supply chain using Back Propagation neural network [J]. Journal of computational and applied mathematics, 2020, 367, 112457.

2. 基于统计或案例的实证研究

基于数据采集统计分析的实证研究主要集中于融资相关因素变量与企业财务绩效、融资渠道选择和供应链效率的关系。如 Cai 等（2014）基于 2001—2007 年中国 674 家公司的面板数据构建实证模型来描述企业信贷变量与其财务特征变量之间的关系，验证了当企业只有信贷融资方式或银行融资方式中的一种时，零售商更倾向于贸易信贷，而在两种融资模式都存在时，零售商会优先选择市场竞争更激烈的融资方式[①]。Leon（2015）利用涵盖 69 个发展中国家和新兴国家的企业层面数据，研究了银行竞争对信贷约束的影响。结果表明，银行竞争缓解了信贷约束，银行间的竞争会导致贷款审批决定不那么严格，还会降低借款人的沮丧情绪[②]。Tunca 和 Zhu（2017）利用中国一家大型在线零售商的数据，通过结构回归估计研究了买方中介在供应链融资中的作用。研究表明，买方中介可以降低融资利率和批发价格，增加订单填充率，并增加供应商借款[③]。Ali 等（2019）在纺织中小企业的背景下利用结构方程模型采用交易成本方法研究供应链金融对供应链有效性的影响。研究结果表明，所采用的供应链金融因素指标均对供应链绩效有显著影响[④]。

少量文献采用案例方法研究了银行或非银行金融服务提供商在供应链金融项目中的作用。Song 等（2018）对三家商业银行和三家非银行金融服务机构为同一中小企业提供营运资金的案例进行了研究[⑤]。Chen 等（2019）以中国的电子商务平台京东为例，展示了这家在线零售商如何通过采用供应链金融实践来加速供应链内部的协作，从而增强其竞争优势[⑥]。

三、研究主题

供应链金融主要考虑如何结合和有效利用供应链内外的融资以优化和解决企业

①　CAI G, CHEN X, XIAO Z, et al. The roles of bank and trade credits: theoretical analysis and empirical evidence [J]. Production and operations management, 2014, 23（4）: 583-598.

②　LEON F. Does bank competition alleviate credit constraints in developing countries [J]. Journal of banking and finance, 2015, 57（8）: 130-142.

③　TUNCA T I, ZHU W. Buyer intermediation in supplier finance [J]. Management science, 2017: 5631-5650.

④　ALI Z, GONGBING B, MEHREEN A, et al. Predicting supply chain effectiveness through supply chain finance: Evidence from small and medium enterprises [J]. The international journal of logistics management, 2019, 30（2）: 488-505.

⑤　SONG H, YU K, LU Q. Financial service providers and banks' role in helping SMEs to access finance [J]. International journal of paysical distribution & logistics management, 2018, 48（1）: 69-92.

⑥　CHEN X, LIU C, LI S, et al. The role of supply chain finance in improving the competitive advantage of online retailing enterprises [J]. Electronic commerce research and applications, 2019, 33, 100821.

的流动资金问题。在供应链金融系统中，供应链上的每个节点都可以追求自身的最大利益，核心企业同商业银行、中小企业、第三方物流公司等可以相互协调和监控，实现供应链的互利共赢和高效运作。

供应链金融的研究主题非常广泛，Chakuu 等（2019）认为可以从两个方面进行分类①：一是侧重于供应链金融的参与者的研究，如买方、供应商、银行和物流服务商主导的融资；二是侧重于特定的供应链金融工具的研究，如逆向保理、库存融资和贴现融资等。他们研究了供应链参与者和融资工具之间的关系以及影响这种关系的因素。本书主要从供应链外部融资、内部融资以及内外部融资结合进行相关研究主题的文献回顾。

1. 供应链外部融资

（1）银行贷款。

Dada 和 Hu（2008）分析了单周期报童模型下利润最大化的银行与零售商之间的互动关系，并证明了非线性的贷款计划可以实现渠道协调。企业通常以存货、应收账款作为质押品向银行获得一定额度的贷款并按期偿还，这些质押品和现金流受到银行严格审查②。Buzacott 和 Zhang（2004）讨论了资金受限的零售商基于资产的银行融资对库存管理、零售商的贷款动机以及零售商和银行决策的影响③。Alan 和 Gaur（2018）研究银行应如何根据企业的经营特征（如存货残值和需求不确定性）确定基于资产的贷款条件（贷款限制、风险规避等），以及企业应如何在基于资产的借款约束下做出存货库存和资本结构决策④。

（2）保理融资。

保理融资涵盖生产制造、分销和运输等领域。Klapper（2005）详细分析了保理的原理、收益和风险，他指出保理业务的承保是基于应收账款本身的风险，而不是借款人的风险⑤。Devalkar 和 Krishnan（2019）证明供应商允许延迟付款并不总是能够控制和协调两级供应链的道德风险，而由规模较大的买方发起反向保理项目可以

① CHAKUU S, MASI D, GODSELL J, et al. Exploring the relationship between mechanisms, actors and instruments in supply chain finance: A systematic literature review [J]. International journal of production economics, 2019: 35-53.

② DADA M, HU Q. Financing newsvendor inventory [J]. Operations research letters, 2008, 36 (5): 569-573.

③ BUZACOTT J A, ZHANG R Q. Inventory management with asset-based financing [J]. Management science, 2004, 50 (9): 1274-1292.

④ ALAN Y, GAUR V. Operational investment and capital structure under asset-based lending [J]. Manufacturing & service operations management, 2018, 20 (4): 637-654.

⑤ KLAPPER L. The role of factoring for financing small and medium enterprises [J]. Journal of banking and finance, 2005, 30 (11): 3111-3130.

帮助减少金融摩擦，从而解决道德风险问题①。

（3）服务提供商融资。

服务提供商由于同供应链中买卖双方都存在紧密的联系，其在为买卖双方提供物流和中介服务的同时，也具有提供融资服务的特殊优势，比如可以利用自身职位优势协调物流、资金链和信息流，并降低融资风险等。Chen 和 Cai（2011）研究了当第三方物流企业和银行都可以为零售商提供融资服务时，第三方物流企业融资服务对供应链的影响②。Tunca 和 Zhu（2017）分析了买方中介在供应商融资中的作用和效率③。Chen 等（2019）的研究结果表明当第三方物流公司作为主导者，并且作为中介帮助买方进行订单采购向制造商支付货款时，供应链各成员的利润都将得到提高④。Huang 等（2019）探索了在第三方物流企业为资金紧张的零售商提供融资服务时，批发价格合同在一定条件下可以实现供应链的协调⑤。

2. 供应链内部融资

供应链内部融资通常指的是贸易融资，在这种融资渠道中，供应商通常允许买方延期支付货款，这实际上等价于供应商向买方提供贷款。此外，供应商因为拥有优越的信息条件，可以充当买方和银行之间的中间人，并且可以更有效地在市场上清算资产。

（1）贸易信贷与风险分担。

贸易信贷由于发生在供应链内部的上下游企业之间，企业间能共享或获得更多的信息，因此比银行信贷具有更大的控制优势（Tang et al.，2017）⑥。

Yang 和 Birge（2017）在库存融资的背景下，分析了贸易信贷如何提高供应链效率，允许零售商与供应商分享部分需求风险。研究表明，当零售商的财务状况实力相对较强时，贸易信贷更好；反之，供应商通过贸易贷款合同诱导零售商用贸易

① DEVALKAR S K, KRISHNAN H. The impact of working capital financing costs on the efficiency of trade credit [J]. Production and operations management, 2019, 28（4）：878-889.

② CHEN X, CAI G. Joint logistics and financial services by a 3PL firm [J]. European journal of operational research, 2011, 214（3）：579-587.

③ TUNCA T I, ZHU W. Buyer intermediation in supplier finance [J]. Management science, 2017：5631-5650.

④ CHEN X, CAI G, SONG J J, et al. The cash flow advantages of 3PLs as supply chain orchestrators [J]. Manufacturing & service operations management, 2019, 21（2）：435-451.

⑤ HUANG S, FAN Z P, WANG X. Optimal operational strategies of supply chain under financing service by a 3PL firm [J]. international journal of production research, 2019, 57（11）：3405-3420.

⑥ TANG C S, YANG S A, WU J, et al. Sourcing from Suppliers with Financial Constraints and Performance Risk [J]. Manufacturing & service operations management, 2017, 20（1）：70-84.

信贷和银行贷款的组合方式为库存融资对各方更有利[①]。Chod 等（2019）探讨了供应商之间的竞争如何影响其向资金约束的零售商提供贸易信贷融资的意愿，结果表明为避免供应商的搭便车行为，具有分散供应商的零售商相比具有集中供应商的零售商能够获得的贸易信贷更少[②]。此外，贸易信贷保险也是企业常用的一种风险管理工具，通常被供应商用来保证买方不会拖欠货款。Yang 等（2016）探讨了贸易信贷保险（TCI）的可取消性在促进供应商资金流动和签订合同后监控买方信用中的作用[③]。Li 等（2016）研究了同时面临客户违约付款和本身资金短缺问题的制造商，如何运用贸易信用保险来扩大销售和降低客户违约付款风险[④]。

（2）贸易信贷与订货批量。

在贸易信贷中，允许延期支付的时间通常与企业的订货量相关，而订货量的多少又与订货成本以及库存持有成本等企业运营成本密切相关，因此在允许延期付款情况下的最优订单数量决策成为一个非常经典和活跃的研究话题。

Zhang 等（2014）研究了贸易信贷及其相关风险对制造商交货政策和供应链协调的影响。研究表明，为规避零售商的支付风险，制造商交付的产品数量可能比零售商订购的数量少[⑤]。Chod（2016）研究了当零售商订购多个异质性商品时，贸易信贷会使得负债经营的零售商利用有限责任优势扭曲其库存决策[⑥]。Chen 和 Wang（2012）探讨了预算约束供应链中贸易信贷对企业决策和供应链绩效的影响，结果表明，贸易信贷的延期支付合同会增加零售商的订货量，并为供应链创造价值[⑦]。

（3）贸易信贷及其条款。

尽管贸易信贷的交易成本较低，但其信贷成本可能比金融机构的贷款更高。这是因为供应商希望维持长久的产品市场关系，贸易信贷为资金短缺的买方提供的优惠比在竞争激烈的信贷市场给贷款人提供的更多。贸易信贷的研究可以随信贷合同

① YANG S A, BIRGE J R. Trade credit, risk sharing, and inventory financing portfolios [J]. Management science, 2017, 64 (8): 3667-3689.
② CHOD J, LYANDRES E, YANG S A, et al. Trade credit and supplier competition [J]. Journal of financial economics, 2019, 131 (2): 484-505.
③ YANG S, BAKSHI N, CHEN C. Cancelability in trade credit insurance [J]. SSRN electronic journal, 2016.
④ LI Y, ZHEN X, CAI X, et al. Trade credit insurance, capital constraint, and the behavior of manufacturers and banks [J]. Annals of operations research, 2016, 240 (2): 395-414
⑤ ZHANG Q, DONG M, LUO J, et al. Supply chain coordination with trade credit and quantity discount incorporating default risk [J]. International journal of production economics, 2014: 352-360.
⑥ CHOD J. Inventory, risk shifting, and trade credit [J]. Management science, 2016, 63 (10): 3207-3225.
⑦ CHEN X, WANG A. Trade credit contract with limited liability in the supply chain with budget constraints [J]. Annals of operations research, 2012, 196 (1): 153-165.

条款设计而变得灵活多样，这些条款涉及利率、还款周期和批发价等。

Gupta 和 Wang（2009）研究了在需求随机条件下，贸易信贷的付款日期条款对库存决策的影响[1]。Kouvelis 和 Zhao（2017）研究了贸易信贷与银行信贷共存时，供应商通过设计提前支付和折扣合同与零售商进行交互作用[2]。Zhang 等（2018）则研究了顾客回避行为和信息不对称对于贸易信贷融资合同设计的影响[3]。

（4）贸易信贷的拓展。

贸易信贷除了涉及企业延期支付，还可以延伸到消费者。消费者的主导地位和市场竞争的激烈程度使得制造商和分销商开始关注贸易信贷这种非价格竞争策略，以获得和维持现有客户。对于提供"先买后付"政策的企业来说，信贷扩张成为企业新的生存和发展机会。

买卖双方都提供信用的模型（所谓的两阶段模型）近来受到关注。在这种模型中，供应商向零售商设定延期付款期限，而零售商又向客户提供信用期。比如 Vandana 和 Kaur（2019）探索了随机需求下供应链中具有违约风险的两级供应链贸易信贷问题[4]，分析了供应商允许零售商延期支付，零售商也允许终端客户延期支付，后者提供的时间小于前者，且在两者都面临违约风险的情况下，具有最优供应商信用期的零售商的无分布最优订单量，以及使整个供应链利润最大化的条件。

3. 内外部融资的比较及结合

当存在两种或多种融资方式时，企业如何选择最优供应链融资渠道是一个值得关注的话题。

针对贸易信贷与银行融资的竞争选择问题，Jing 等（2012）研究了零售商资金受限时银行贷款和供应商贸易融资的均衡选择问题，研究表明最优融资方式的选择与生产成本有关[5]。Kouvelis 和 Zhao（2012）从供应商、零售商和供应链的角度比

175

①　GUPTA D, WANG L. A stochastic inventory model with trade credit [J]. Manufacturing & service operations management, 2009, 11（1）: 4-18.

②　KOUVELIS P, ZHAO W. Who should finance the supply chain? Impact of credit ratings on supply chain decisions [J]. Manufacturing & service operations management, 2017, 20（1）: 19-35.

③　ZHANG B, WU D D, LIANG L. Trade credit model with customer balking and asymmetric market information [J]. Transportation research part e: logistics and transportation review, 2018, 110: 31-46.

④　VANDANA, KAUR A. Two-level trade credit with default risk in the supply chain under stochastic demand [J]. Omega-international journal of management science, 2019: 4-23.

⑤　JING B, CHEN X, CAI G G, et al. Equilibrium financing in a distribution channel with capital constraint [J]. Production and operations management, 2012, 21（6）: 1090-1101.

较了供应商融资和银行融资，并得到了均衡结果中的参数条件①。

针对买方融资与银行信贷同时存在的供应链融资问题，Deng 等（2018）比较研究了一个装配商和多个异质性资金约束的供应商组成的装配供应链中，买方融资和银行融资对供应链各利益相关方及整个供应链的影响②。Gupta 和 Chen（2019）分析了在寄售环境下，供应商如何选择从设置信贷条款的零售商处借款或从银行借款的问题，指出供应商的均衡产量和融资选择与其自有流动资金水平和零售商的融资条款有关③。

还有一些学者研究了银行信贷与贸易信贷的互补关系。Cai 等（2014）探讨了在需求不确定性下，银行信贷与贸易信贷在资金受限零售商供应链中的角色，结果表明两种信用贷款在零售商内部资金较少时可互补，而当零售商内部资金较多时则是相互替代的④。Yan 等（2016）将银行信贷融资和制造商贸易信用担保结合起来，研究了在供应商部分担保合同下供应链融资的均衡条件⑤。Xiao 等（2017）研究零售商无法从银行借款，但供应商从银行借贷后再转贷给零售商条件下，供应链有足够的总营运资本时，收益共享和回购合同可以协调供应链⑥。

四、未来展望

尽管现有文献已经比较丰富，并已取得很多重要的研究成果，但供应链金融作为一个同现代商业实践和社会生活息息相关的研究领域，其发展和创新仍有较大的空间。本书从研究方法和研究主题两个方面提出以下展望：

1. 研究方法

一方面，基于报童模型的研究框架由于对需求分布的依赖性存在无法获得显性解析解的先天劣势，造成所构建的供应链金融优化模型纷繁复杂并陷入无穷尽的数学讨论；另一方面，使用效用函数或需求-价格函数的建模方法，虽然能够刻画客

① KOUVELIS P, ZHAO W. Financing the newsvendor: supplier vs. bank, and the structure of optimal trade credit contracts [J]. Operations research, 2012, 60 (3): 566-580.

② DENG S, GU C, CAI G, et al. Financing multiple heterogeneous suppliers in assembly systems: buyer finance vs. bank finance [J]. Manufacturing & service operations management, 2018, 20 (1): 53-69.

③ GUPTA D, CHEN Y. Retailer-direct financing contracts under consignment [J]. Manufacturing & service operations management, 2019, 22 (3): 528-544.

④ CAI G, CHEN X, XIAO Z, et al. The roles of bank and trade credits: theretical analysis and empirical evideuce [J]. Production and operations management, 2014, 23 (4): 583-598.

⑤ YAN N, SUN B, ZHANG H, et al. A partial credit guarantee contract in a capital-constrained supply chain: Financing equilibrium and coordinating strategy [J]. International journal of production economics, 2016: 122-133.

⑥ XIAO S, SETHI S P, LIU M, et al. Coordinating contracts for a financially constrained supply chain [J]. Omega-international journal of management science, 2017: 71-86.

户购买行为，但很难在模型中融入信用风险或违约风险等元素。因此，对于基于优化建模的供应链金融研究，未来应寻求不确定性和客户行为有机结合的建模方法，如同时使用随机过程和效用函数。

随着供应链金融在实业界的广泛采用，在供应链成员企业和物流、金融、信息服务提供商处会沉淀大量的数据，这为基于机器学习及基于数据驱动的建模研究提供了广阔的研究空间，也为传统的计量分析和案例研究提供了新的研究领域和机会。

2. 研究主题

当前的研究主题较多沿袭金融领域的思路，即过多地关注风险控制和融资渠道等，而对供应链金融与企业的运营决策、营销决策之间的互动关注度不够。本书认为，目前至少以下三个方面的研究主题是稀缺的：

（1）产品线或组合与供应链融资。

当前的研究仅针对企业提供单一产品的情况，如果存在产品线或组合，相应的供应链融资又会是怎样，需要在理论上进行论证和回答。

（2）可持续供应链金融。

随着全球绿色经济的浪潮和国家对绿色可持续供应链及供应链金融融合发展的重视，可持续供应链金融将成为研究的热点和重点。

（3）供应链金融生态系统。

技术的进步不仅正在改变现代商业生态系统的成员结构和价值链，也在改变其涉及的物流、信息流和资金流嵌入供应链金融的形态。供应链金融平台化的趋势正在显现，如蚂蚁金服、京东金融和普洛斯金融等，它们不仅仅是供应链金融提供商，而且服务于集团的采购、销售和物流体系，属于整个商业生态体系的子系统。这些不同业务单元之间的相互作用以及同外部服务对象之间存在怎样的动态关系值得深究。因此，在现有供应链金融研究基础上，供应链金融生态系统价值链创新和价值网创新也是未来新的研究增长点。

第二节　供应链金融的创新进展

一、供应链金融的发展阶段

1990 年以来，供应链理论不断完善，在国际上开始兴起横向一体化的思想，利用企业的外部资源来满足市场需求，企业只关心核心产品和市场即可。这种经济全球化以及跨国经营的趋势促使国际产业链形成，供应商、制造商、分销商与产品设计、生产、销售和后续服务联结在一起，成为供应链金融产生的基础。

供应链金融理论在西方发达国家形成后逐渐传入我国。我国供应链金融起步较晚，2003 年深圳发展银行推出"1+N"融资模式，我国供应链金融发展历程由此开启。伴随着产业形态的更迭和科学技术的变革，我国供应链金融已经完成从 1.0 阶段到 3.0 阶段的演进（陈晓华和吴家富，2018），并逐步进入 4.0 阶段[①]。

1. 供应链金融 1.0 阶段：线下"1+N"模式

供应链金融 1.0 阶段是线下"1+N"模式，即资金方或服务方基于核心企业"1"，针对中小企业"N"的融资模式，依靠大型企业的信用向上下游小微企业提供金融服务。该模式最早由深圳发展银行于 2003 年提出，其主要特征是以商业银行为主导，以核心企业为信用载体，以人工授信为主要形式，实现了由传统银行信贷的"点对点"到"以点带链"的转变。在该模式下，银行对企业的信贷以真实的贸易作为支撑，传统的信用评价体系得以重塑。同时核心企业通过与其上下游企业长期的贸易往来，建立了良好的合作基础，对这些企业的实际经营状况和资金信用情况形成了较清晰的认识，因此核心企业具有较强的风险控制能力。由此商业银行能够利用核心企业的信用外溢和风控优势，批量开发与核心企业相关的上下游企业，提高银行获客能力，同时也在一定程度上降低了银行面临的信贷风险。

供应链金融线下"1+N"模式如图 9-4 所示。

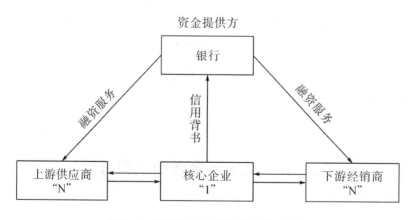

图 9-4　供应链金融线下"1+N"模式

① 数字供应链金融 ［EB/OL］. （2021－11－03）［2024－11－27］. https://www.sohu.com/a/499006079_641521.

但该模式存在较大的局限：一是银行仅担任资金的提供方，并未参与到供应链当中，对贸易的真实性难以验证；二是银行风险过于集中，一旦核心企业失信，银行将面临重大损失；三是该模式的业务流程主要在线下完成，效率低，操作风险难以控制，且阻碍了企业之间的信息流转，从而导致供应链中商流、物流、信息流和资金流未能实现有效对接。

2. 供应链金融2.0阶段：线上"1+N"模式

供应链金融2.0阶段是线上"1+N"模式，即系统直连资金方、服务方、核心企业和上下游企业的线上融资，利用供应链作为支撑点来带动资金流，让产业与金融结合更紧密。该模式由平安银行于2012年提出，借助技术手段将供应链各参与主体连接起来，包括核心企业、上下游企业和相关服务商等，从而实现企业信息的线上流转。

在这一阶段，供应链金融能否顺利实施取决于供应链各成员之间能否相互协同，这就对供应链的管理能力提出了更高的要求。因此能够有效掌控供应链运作的企业开始取代银行，成为供应链金融服务的主体。而这些企业通常为供应链中的核心企业，或具有竞争力的电商平台、供应链管理企业和物流企业等。此外，银行在资金提供方中不再占据绝对主体地位，供应链中的核心企业基于自身的供应链运作体系，通过自营或加强与商业保理、小额贷款等机构的合作来拓宽资金渠道，为其上下游企业提供具有不同风险偏好的资金来源。由此形成了线下供应链金融线上化的三条演进路径：一是银行供应链金融业务的在线操作，二是核心企业获取小额贷款等牌照后独立开展供应链金融业务，三是核心企业与银行等金融机构合作推出供应链金融业务。

供应链金融线上"1+N"模式如图9-5所示。

因此，供应链金融2.0阶段的主要特征可以概括为以核心企业为主导、多主体参与、运营线上化。供应链金融线上"1+N"模式在一定程度上克服了传统模式存在的一些弊端，主要体现在：

其一，通过网络虚拟平台传递企业信息，初步实现了商流、物流、资金流和信息流的"四流合一"。这不仅提高了业务效率，而且使得供应链运营效率也有了较大提升。

其二，银行能够对接核心企业的数据，从而对供应链运营中的物品流转、资金流转和企业经营状况进行监管，有助于缓解银企之间的信息不对称，增大银行的风险可控力度。

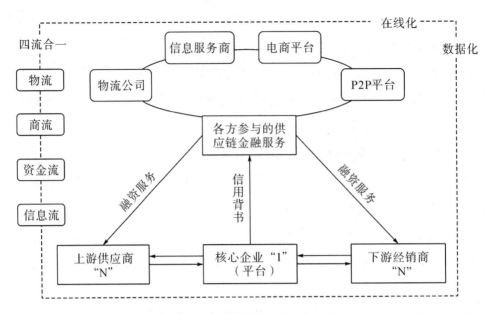

图 9-5 供应链金融线上"1+N"模式

其三，核心企业相对银行更了解供应链运营，因此由核心企业主导的金融活动，能减少由信息不对称引致的道德风险和机会主义行为，从而有效控制风险。

然而，银行的风险依旧过度集中在核心企业这个"1"上。此外，该阶段还面临着如下挑战：

其一，供应链企业之间存在关系松散的现象，影响了企业信息的流转效率。

其二，工业参与主体增多，链条关系的复杂程度有所增加，供应链管理难度增大。

其三，互联网技术发展仍未成熟，潜在的技术风险成为供应链金融发展不容忽视的新问题。

3. 供应链金融3.0阶段：平台化"N+1+N"模式

供应链金融3.0阶段是平台化"N+1+N"模式，其中"1"代表服务于供应链的综合服务平台，两端"N"分别代表上下游中小企业，发生了"去中心化"的质变，不再需要供应链中的核心企业来为上下游中小企业提供信用支持，这样就突破了单个供应链的限制，可以提供多元化的金融服务。

供应链金融平台化"N+1+N"模式如图9-6所示。

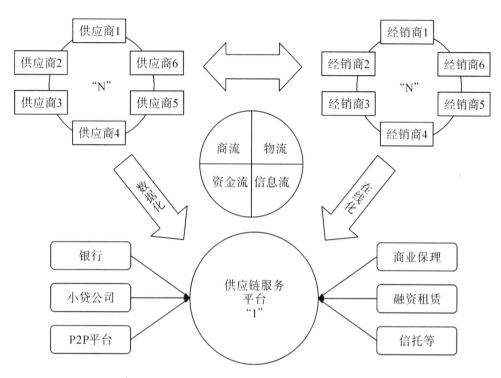

图 9-6　供应链金融平台化"N+1+N"模式

通过政企联盟与产融互联重新融合多平台数据,此阶段实现了"由链到网"的重大转变。借助现代信息技术,平台引入了物流、银行、保险、信托、咨询等服务机构,打造了一个跨区域、跨部门、跨链条的供应链生态圈,为中小企业提供更全面的金融服务。

以发展较为成熟的深圳怡亚通公司为例,2010 年怡亚通基于"互联网+供应链管理"推出"宇商供应链金融服务平台",平台业务覆盖了 IT、通信、家电、医药、化工、纺织品等多个行业。提供的金融产品涵盖了商业保理、融资租赁、理财、P2P、资产证券化等,为中小企业和高端个人消费者提供了一站式金融服务,实现了从产到销的全流程资金支持。

与供应链金融 2.0 阶段相比,这一阶段的平台化供应链金融模式在以下方面表现出了明显的优势:

其一,金融与产业的融合度大大加深,不同产业场景的融资需求推动了银行借贷、保险、基金、资产证券化等不同金融产品的组合,从而让更多中小企业选择更适合自身的融资产品,供应链金融的普惠性得以增强。

其二,以核心企业为主导的模式存在核心企业垄断产业信息的可能性,而供应链金融 3.0 阶段由相对独立的第三方主导,使得每一参与方更平等地进入供应链金融活动及获取相应信息，进一步缓解了信息不对称。

其三，以往仅围绕核心企业的直接上下游企业的这种单链条化供应链金融无法发挥出更为广泛的协同效应，而平台化模式能够通过专业的服务平台，对各参与方的信息数据进行有效整合，更好地实现了商流、物流、资金流和信息流的"四流合一"，提高了供应链的资金周转效率和运作管理效率。

4. 供应链金融4.0阶段：数字化"N×N"模式

供应链金融4.0阶段是数字化"N×N"模式，"N"分别代表核心企业、金融机构和供应链上下游企业。这一模式的优势在于通过汇集足够多、足够权威的资金方、资产方和产品服务商，服务更多企业和金融机构。但该模式对产业金融科技实力的要求、资金方的认可信任度和核心企业的影响力均有着较高的要求。该模式依托数字技术发展为线上化、智能化的金融产业链，帮助商业银行解决了最根本的交易信用问题，打破了信息不对称和物理区域壁垒。

供应链金融数字化"N×N"模式如图9-7所示。

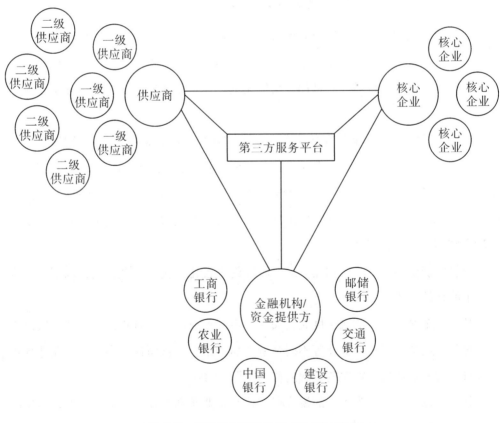

图9-7　供应链金融数字化"N×N"模式

此阶段的融资数据全部标准化，银行全面线上化，支持实时审批、实时交易，企业能快速获得融资且信息透明。例如航信平台通过自身的积累以及已有的独特优势，成为目前唯一同时与国有六大行及众多股份制商业银行实现产品及 IT 系统直联的平台，且在军工领域具有独特优势，处于行业领先地位。通过这一平台形成了强大的产业集聚效益，从而推动了一个良性产业生态圈的形成。

当前供应链金融被应用在汽车、外贸、医药、农业、大宗商品、批发零售等众多行业，主要代表企业有以开放银行为主的招商银行、平安银行，以垂直行业为代表的创捷、怡亚通，以外贸服务为代表的一达通、东浩兰生，以物流服务为代表的顺丰速运、菜鸟，以金融科技为代表的蚂蚁金服、京东金融等。

二、供应链金融产品创新驱动因素

目前我国经济转型的重要突破口是扩大内需，加强供给侧结构性改革，提高供给体系的效率和质量。而金融作为供给侧结构性改革的关键，创新成为其必由之路，要改变以往的粗放式经营方式，进一步提高金融机构的服务质量和效率，优化金融资源配置，为金融机构的转型升级提供帮助。

供应链金融实现了产融结合，改变了传统金融的模式，同时又具有金融的爆发力和持久力。供应链金融的发展拓宽了中小微企业的融资渠道，为其提供了供应链金融解决方案。

除了银行主导的供应链金融模式外，物流企业、大型核心企业、电商平台、P2P 主导的供应链金融模式不断涌现。外部环境日益复杂，面对不断加剧的竞争，创新成为供应链金融发展的必由之路。对银行来说，虽然拥有大量核心客户资源，但物流企业与电商平台等其他供应链金融服务者正在施加越来越大的压力，因此，根据自身特点开展差异化的供应链金融服务就成为银行创新的一种方式。

供应链金融创新主要从以下四个方面进行。

1. 观念创新

无论是何种金融模式，创新都是永恒的主题，供应链金融尤其如此。供应链金融在供给侧结构性改革中发挥着越来越重要的作用，它的创新也会对供给侧结构性改革产生巨大的影响。

2. 技术创新

物联网技术的发展可以帮助供应链金融建立完整的供应链信息系统；传感器的

发展则可以实现互联网与供应链的结合，建立起跨行业、多产品的供应链信息管理平台；大数据技术创新可以为供应链金融创造更好的数据收集方式，降低供应链金融服务商的数据收集成本。

3. 组织创新

目前以银行、物流企业、大型企业等为核心的供应链金融应该突破自身的限制，围绕供应链建立起集信息服务、资金服务、商业服务、物流服务于一体的供应链综合物流金融中介公司。这类公司既能充当物流公司解决产品的运输、配送问题，又能充当金融机构满足生产、供应、销售等方面融资的需要。

4. 制度创新

银行可以将非核心的业务整体或部分外包给中介公司；降低供应链金融的参与门槛，让更多的企业参与其中。供应链金融业务中的金融机构为质押权人，但它无法有效监管质押物，还需要借助第三方综合物流金融中介公司。综合物流金融中介公司既可以实现对质押物的有效监管，又能为金融机构提供更多的信息，解决信息不对称的情况，提高金融机构的抗风险能力和综合服务能力。

三、供应链金融业务模式优化途径

供应链金融在我国已发展十余年，乘着互联网金融的东风，供应链金融迎来了新一轮的发展浪潮。供应链金融以中小微企业为服务对象，以核心企业的信用为支撑，为供应链上的企业提供金融服务，为解决中小微企业融资难的问题发挥了重要作用，对金融机构的改革和国民经济的发展都有着极为重要的意义，对供给侧结构性改革更是有着巨大的推动作用。

同时，随着经济全球化程度进一步加深，国内经济亟待转型，内外复杂的环境让供应链金融的发展多了一层不确定性。因此，为了保持供应链金融的完善性与可持续性，需要着重解决以下问题。

1. 产品研发与产业链相结合

供应链金融是银行以产业链的核心企业为依托，针对产业链的各个环节，设计个性化、标准化的金融服务产品，为整个产业链上的企业提供综合解决方案的一种服务模式。供应链金融只有与实体经济中的产业链发展和交易模式紧密结合，才能获得竞争力的提升和可持续发展的机遇。

不同产业链之间的交易模式差别很大，各个行业、各个企业的需求也千差万别，行业、企业的个性化需求决定了银行设计供应链金融产品时必须紧紧围绕产业链本身。例如，银行为处于大宗商品行业上、中、下游的冶炼商、贸易商和终端用户设计的预付款融资、货押融资、装船前融资等结构化融资方案，就与产业链紧密结合、契合产业链特征与交易模式。

2. 根据客户需求开发产品

深入的行业研究和客户交流有助于银行获得关于客户需求的信息，摆脱"闭门造车"，建立以客户为导向，持续性强、灵活度高的产品创新体系，设计出具有前瞻性和预见性的、针对性强的金融产品。

供应链金融的理念是银行通过控制商品和服务交易产生的物流、资金流和信息流来为整条产业链提供系统性的融资安排设计。银行可以用供应链金融带动产业链客户群拓展。例如，通过向核心企业提供针对上游供应链的"供应商融资方案"与针对下游供应链的"经销商融资方案"，帮助核心企业和其上下游企业提高营运效率，加速资金流转。同时，银行以长链模式拓展客户群，在成功案例的基础上，为其他客户提供成熟的量身定做服务，最终实现行业内横向的产品复制和纵向的客户群延伸。

3. 控制金融风险

供应链金融的风险主要受融资自偿性和融资方对交易进行结构化设计的技能的影响，融资项下的资产将作为第一还款来源。在这里，银行主要依据该笔业务的自我清偿特征以及借款人偿还该笔借款的能力，对借款人进行授信，与借款人本身的信用等级无关。供应链金融业务的自偿性主要体现在商品交易中所运用的结构性短期融资工具，包括基于商品交易中的存货、预付款、应收账款等资产的融资。

基础交易本身、上游履约能力、下游支付能力以及交易标的市场价格波动等因素是供应链金融风险的主要来源。银行只有通过产品组合或结构化安排对交易进行全流程控制，才能既对贸易各环节风险进行缓释或转移，降低债项层面的风险，又提升供应链整体信用等级。银行必须从供应链金融业务的风险特点出发调整业务风险的控制基础和控制方式，推动供应链金融的可持续发展。

银行建立结合供应链金融具体特性的风险评判和管理制度，以实现供应链金融的可持续发展。新资本协议的推进实施将对供应链金融的风险管理体系和业务发展模式产生重大影响，使其逐渐变得全面化、专业化和精细化，建立客户与债项并重的二维风险评价体系，找到收益、风险与资本之间的最佳平衡点。

4. 实现电子化互通

最近几年，供应链金融与信息技术的结合越来越密切。在传统结算工具的使用日趋下降，贸易双方对银行的需求转向以支付速度和效率为主，传统贸易融资的发展空间不断萎缩，电子化平台的建设成为必然选择的基础上，以网银、电子供应链为代表的电子银行技术成为商业银行提高自身竞争力的共同选择和必然趋势。

电子供应链是指通过互联网平台，电子化金融衍生产品与外部合作机构数据交换系统紧密联结，为供应链核心企业及其上下游企业提供服务的一种新模式。电子化信息平台可以极大地加快资金流转效率，大幅降低供应链的成本，在为供应链企业提供全流程的金融支持的同时，还能有效缩短银行和企业的反应时间，增加流动资金，减轻企业资金压力，提高企业的运营和控制能力。

供应链金融中的银行对基础交易信息的完整性、及时性和真实性的掌控能力将得到全面改善。电子化解决方案将使客户可以通过互联网随时向银行提交业务指令，并随时跟踪业务处理进程。

供应链金融与全球经济发展结合为银行业搭建了一个新的舞台，银企合作共赢模式也进入了全新的阶段。在新的格局下，银行既应对自身发展做出全面规划，又要密切关注外部变化，及时做出调整和应对。银行从业人员也要积极探索、大胆尝试，以客户全方位营销和全流程服务为核心，既要为客户提供便捷、高效的一站式服务，又要通过精准的流程管理实现供应链金融的可持续发展。

思考题

1. 国内外供应链金融的研究经历了怎样的发展趋势？

2. 供应链金融的主要研究方法有哪些？

3. 你认为供应链金融研究的热门和前沿主题是什么？

4. 供应链金融的发展分为几个阶段，各有什么特点？

5. 供应链金融产品如何进行创新，有哪些影响因素？

6. 如何优化供应链金融业务模式，有哪些途径？

供应链金融：理论、实务与前沿进展

第十章
供应链金融与信息技术

第一节　供应链金融与大数据

在数字化信息时代的发展浪潮中，"大数据"一词应运而生，其多指涉及的资料数量规模巨大而无法在规定时间内有效处理为可吸收的信息。IBM 提出大数据具有 "5V" 的特点：容量大（volume）、速度快（velocity）、种类多（variety）、价值密度低（value）、真实性（veracity）。中国企业的创新过程不仅涉及科学技术的研发和应用，还涉及与新技术新产品相适应的研发资源配置。在新一轮的科技革命背景下，企业只有切实加强数据资源的管理能力，顺应当今大数据发展热潮才能提升创新质量。企业在日常生产运营中涉及许多方面的数据处理工作，例如生产数据、销售数据、资金数据等一系列繁多冗杂的数据，将这些数据从冰冷的数据转化为有价值的信息正是大数据分析需要做的。资金数据对于企业而言是命脉所在，一个企业对于资金的掌控能力也能够揭示其发展的潜力。供应链金融旨在解决供应链中产品交付和资金流向时间不匹配造成的短期资金链问题，基于此会产生大量的资金数据，充分利用这些资金数据进行大数据分析为供应链金融业务保驾护航也是企业需要研究的一个核心战略问题。

大数据是一个宏大宽泛的名词，并不是所有的数据都是具有研究价值的。数据化时代不仅给人们带来便利，也会带来数据混杂难以区分的问题。宋华（2017）在《互联网供应链金融》中提到，供应链中的大数据主要包括结构数据、非结构数据、传感器数据和新类型数据。非结构数据成为供应链金融业务中最重要的数据，包括库存数据、客户服务数据、资金流向数据等相关的数据。与供应链金融业务关系最紧密的就是资金流向数据，企业的流动资金状况成为供应链企业和金融机构最关心的问题。资金流向数据不仅指看得见的实际支出和收入，还包括隐性的人力、财力支出和固定资产折旧等。企业发展中需要对此类关键数据进行全面记录和保存，保障数据的质量、可用性和真实性，这样后期的大数据分析才具有针对性和实际价值，才能帮助企业找到难点并进行攻破。

目前大数据技术还在不断更新迭代，与供应链金融业务也在不断磨合。供应链金融业务过程中会产生相当一部分包括客户资产、信用评级、风险系数、经营能力等的具体数据，提供服务的平台需要利用大数据技术进行分析，捕获客户的资产情况和还款能力，帮助客户匹配适合的投资者或者资金提供方，促进企业的正常资金运转。如前述提到的供应链金融科技服务平台联易融利用大数据分析提供一站式、场景化、业财一体的全场景支付、资产整理、上下游融资协同、全球账户、资金池、资产池、数据分析、余额增值等财资管理服务，满足客户的个性化需求。

第二节　供应链金融与物联网

物联网（Internet of Things，IoT）是指通过各种信息传感器、射频识别技术、全球定位系统、红外感应器、激光扫描器等各种装置与技术，实时采集任何需要监控、连接、互动的物体或过程的声、光、热、电、力学、化学、生物、位置等信息，通过各类可能的网络接入，实现物与物、物与人的泛在连接，实现对物品和过程的智能化感知、识别和管理[①]。物联网是一个基于互联网、传统电信网等的信息承载体，它让所有能够被独立寻址的普通物理对象形成互联互通的网络。

在某种意义上，物联网也可以看作物品的一个实时交互网络，人们可以通过物联网掌握物品实际的状态，包括地理位置、重量、速度等关键信息，甚至可以通过物联网的记录数据追溯物品的源头。这些实时的信息交互方便商品交易的过程，使得交易双方能够随时对货物的状态进行监控。因此，在供应链金融的基础业务中有

---

① 刘陈，景兴红，董钢. 浅谈物联网的技术特点及其广泛应用 [J]. 科学咨询，2011（9）：86-86.

许多使用物联网的地方，仓单质押、抵押融资等都涉及抵押物品状态的监控。对于金融机构而言，抵押物往往需要第三方仓库或物流监管公司对其进行鉴定和监控。只有在收到第三方合理的鉴定报告之后，银行才会结合货物估价和市场情况开展供应链金融业务。资金需求方也可以借助物联网设备证明自身货物的可靠性，方便银行开展抵押物评估并完成资金的流转和交付。

物联网与大数据具有高度的关联性，彼此之间形成了相互提升的关系，共同助力供应链金融业务的开展。大数据分析的前提就是数据的收集，必须有足够丰富和可靠的数据才能够得到有价值的分析结果。物联网设备是获取大数据的一种手段，它能够收集大量与供应链金融业务相关的数据，也是供应链金融中不可或缺的重要一环。物联网中最关键的技术为射频识别技术（radio frequency identification, RFID），也称标签识别技术，即标签内部含有可以被阅读器识别出相关信息的电子编码。这项技术可以帮助供应链金融业务中的债权方掌握抵押物的实时状态，降低可能发生的道德风险。据 Sanford C. Bernstein 公司的零售业分析师估计，RFID 技术可使沃尔玛每年节省 83.5 亿美元，其中大部分是因为不需要人工查看进货的条码而节省的劳动力成本。RFID 技术帮助零售业解决了商品断货和损耗（因盗窃和供应链被搅乱而损失的产品）两大难题，仅盗窃一项，沃尔玛一年的损失就达近 20 亿美元①。

此外，物联网应用于供应链金融也早已受到了广泛关注。李小莉等（2023）研究了物联网与农业性质的供应链金融相结合的问题，提出利用物联网全程跟踪监控农产品的运输，解决农业供应链金融中征信数据缺失、信息可靠性差等问题，提升农业供应链金融的协调作用②。周家珍（2021）结合石油行业、畜牧行业等分析了物联网应用的优势，提出物联网设备可以帮助供应链金融解决风险监控和数据共享等关键问题③。

图 10-1 为农业供应链金融与物联网结合示例。图 10-2 为物联网系统架构。

189

---

① 刘陈，景兴红，董钢. 浅谈物联网的技术特点及其广泛应用［J］. 科学咨询，2011（9）：86-86.
② 李小莉，陈国丽，张帆顺. 系统视角下基于"区块链+物联网"的农业供应链金融体系构建［J］. 系统科学学报，2023，31（1）：78-82，88.
③ 周家珍. 基于物联网技术的供应链金融业务创新探索［J］. 西南金融，2021（6）：50-60.

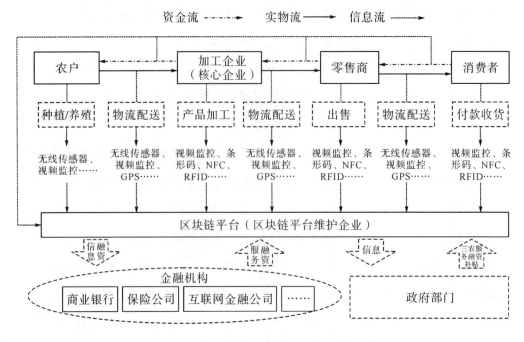

图 10-1　农业供应链金融与物联网结合示例

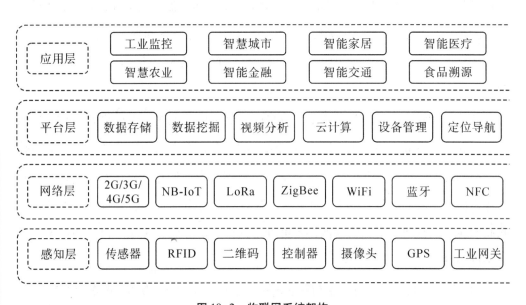

图 10-2　物联网系统架构

第三节　供应链金融与云计算

云计算属于分布式计算方法的一种，指的是通过网络"云"将巨大的数据计算处理程序分解成无数个小程序，然后通过多部服务器组成的系统进行处理和分析这些小程序得到的结果并返回给用户。简单来说，云计算就是计算机的处理程序将复杂难算的内容拆分为更小的计算区域并分配给不同的程序进行运算，最终再将这些计算完成的结果联合起来分析并提供有用的信息。云计算实施的前提当然也离不开物联网和大数据，只有经过这两个环节才能对准确的数据进行基于某种目的的合理计算。现阶段所说的云计算服务已经不单指分布式计算，而是分布式计算、效用计算、负载均衡、并行计算、网络存储、热备份冗杂和虚拟化等计算机技术混合演进并跃升的结果。云计算是信息技术发展推动的新兴产物，为人们的生活提供更加方便快捷和可扩展的计算服务。与传统的网络应用模式相比，云计算具有虚拟化技术、动态可扩展、按需部署、灵活性高、可靠性高、性价比高、可扩展性等特点。

云计算服务的提供是基于"云网络"——一种共享类型的分布网络，使用者付费后即可享受该网络上的资源和服务。在供应链金融业务中，供应链参与方、信贷匹配平台、银行及相关的金融机构都各自拥有着较多的数据，包括经营状况、财产状况和资金状况等，而这些数据的分享成为一个困扰各方的难题。云计算服务的出现帮助供应链金融参与各方进行有效的部分信息共享，一方面保证与自身发展相关的专业核心数据不会泄露，另一方面又加强财务信息的共享以使用合理的融资计划。在供应链金融中引入云计算能够加强各方数据的有效处理，帮助关键信息如融资利率、杠杆率等的生成和调整。赵中林（2021）针对供应链金融业务参与主体多、业务环节多、操作流程复杂、业务协调难度大等问题，使用云计算赋能供应链金融发展，并提出资源共享和智能服务等重要方向[①]。

云计算与供应链金融的业务结合近年来受到广泛关注，联易融、怡亚通等供应链金融服务提供商均致力于融合信息技术帮助解决供应链金融业务中的痛点和难点。联易融推出金融机构云服务——e链云和ABS云平台，旨在帮助金融机构数字化、

---

① 赵中林. 云计算赋能供应链金融发展分析［J］. 金融科技时代，2021，29（4）：93-95.

自动化及精简化供应链金融服务。怡亚通围绕核心企业上下游，依托强大的产品研发实力，帮助客户优化供应链结构并提供投融资服务。两种典型的业务都是通过帮助受资金困扰的企业搭建或者使用云服务共享自身的部分资金信息，为银行融资和贸易信贷提供关键支持，同时利用云计算功能帮助企业实现供应链金融业务过程的简化和便利化，使企业在业务开展过程中发挥各自优势。图 10-3 为怡亚通供应链云计算服务结构。

视窗	指挥系统	电商	零售	营销	SRM品牌通

接口平台	可选的外部组件					大数据平台
	进销存 怡丰、SAP、 用友、金蝶	生产 怡丰、SAP、 用友、金蝶	仓储 怡丰、富勒	CRM 怡丰、分享 销客销售易	结算 怡丰、汉德	
	资金 怡丰、拜特、 用友	财务 怡存、SAP、 用友、金蝶	发票 怡丰	OA 怡丰、致远 泛微	HR 怡丰、北森	

主数据平台

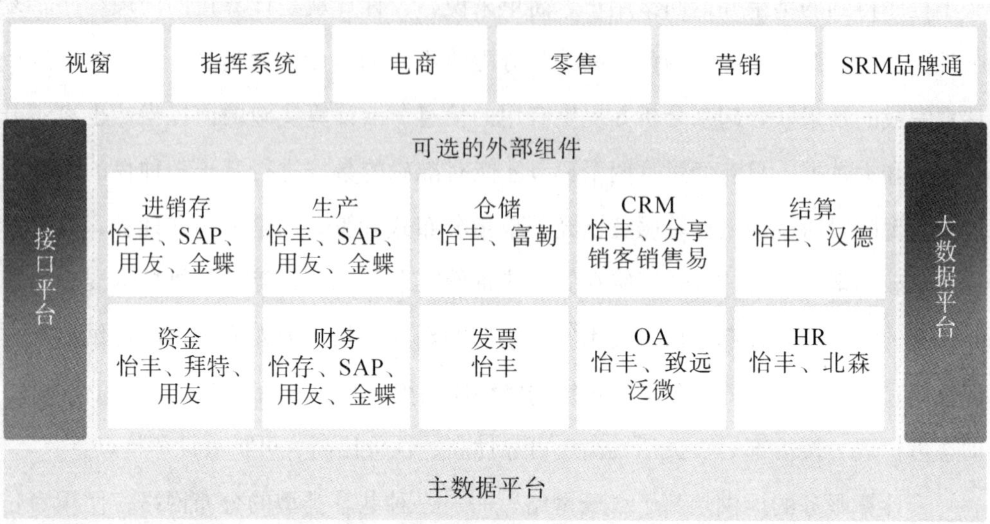

图 10-3　怡亚通供应链云计算服务结构

第四节　供应链金融与区块链

区块链技术是一种分布式记账本，主要由一个又一个相互连接的区块链接构成。每一个区块中都储存着对应的信息，依照产生的时间顺序进行链接，并且该链条储存在参与者的每一个服务器上，只要链条上有服务器正常运行就能够保证链条的安全性和保密性。这些服务器在区块链系统中被称为节点，它们为整个区块链系统提供存储空间和算力支持。如果要修改区块链中的信息，必须征得半数以上节点的同意并修改所有节点中的信息，而这些节点通常掌握在不同的主体手中，故篡改区块链中的信息是一件极其困难的事。因此，区块链具有难以篡改和去中心化两个最重要的特征。难以篡改的特性主要指区块链在形成过程中遵循时间顺序，并且每一个节点都会对已经形成的信息进行储存，若想进行修改必须在后面的区块中附加修改信息同时得到其他参与方的同意，之后生成新的区块接入链条中，也即不能直接对前面的区块信息进行改正。去中心化表示区块链系统中并没有一个中央机构来对其进行管理，而是每一个参与方都能够查看和验证链上信息，避免了中心机构的集权和道德风险。另外，区块链还具有开放性、独立性、安全性和匿名性等特征。区块链基本结构如图 10-4 所示。

合约层	脚本代码	算法机制	智能合约
激励层	资源挖矿	挖矿奖励	交易费用
共识层	工作量证明（PoW）	权益证明（PoS）	其他共识算法
网络层	P2P网络	多播	接入管理
数据层	数据区块	链式结构	时间戳
	哈希函数	Merkle树	非对称加密

图 10-4　区块链基本结构

近年来，由于加密数字货币的不断发展，区块链技术也逐步进入大众的视野。2008 年由中本聪第一次提出了区块链的概念，在随后的几年中，区块链成为电子货币比特币的核心组成部分：作为所有交易的公共账簿。通过利用点对点网络和分布式时间戳服务器，区块链数据库能够进行自主管理。随后，区块链受到广泛关注并逐步运用于各领域解决与信息安全相关的问题。2019 年 1 月 10 日，国家互联网信息办公室发布《区块链信息服务管理规定》。2019 年 10 月 24 日，在中央政治局第十八次集体学习时，习近平总书记强调，"把区块链作为核心技术自主创新的重要突破口"，"加快推动区块链技术和产业创新发展"。目前，区块链涉及的主要技术包括分布式账本、非对称加密、共识机制和智能合约。

中国银行、巴克莱银行、美国银行、花旗银行都投入大量资金对区块链和金融领域的结合进行研究，旨在解决金融领域的信用关键问题。在供应链金融领域，中小微企业几乎不具有较高质量的抵押资产向银行发起借贷业务，更多依赖供应链内部融资或者核心企业的信用担保筹集资金。在供应链金融业务开展过程中，困扰金融机构等放贷的关键性问题就是交易的真实性和信用问题，交易风险使得很多中小微企业无法获得满足生产运营的资金。供应链金融服务引入区块链技术之后将会打破传统的业务过程，银行等金融机构能够在一定条件下发起实施私有区块链，使得供应链上的各方实时共享产品库存和资金流向等关键信息，减少借贷过程中的风险，为供应链资金交易提供更加透明化的窗口，帮助中小微企业解决资金难题。京东推出 JD BaaS 平台提供全面的区块链服务功能，从企业和开发者角度出发，提供多种部署形式，既能灵活部署，又安全易用，基于流行的 kubernetes 技术，提供高可靠可扩展的区块链平台，帮助政府部门、企业、金融机构轻松跨过区块链技术门槛。智臻链 BaaS 平台支持金融级应用场景的部署，在个人/企业信贷、资产证券化、跨境支付、理财保险等领域预计可以节省 1/3 的沟通时间和成本。由此可见，未来区块链与供应链金融的结合会提供更加多样化的服务，为满足中小微企业生产营运资金需求开辟出崭新的道路。图 10-5 为京东智臻链结构。

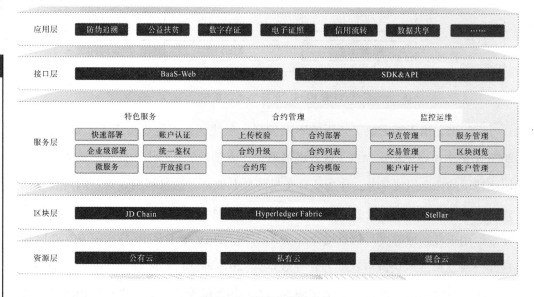

图 10-5　京东智臻链结构

思考题

1. 大数据对于开展供应链金融业务最有利的作用是什么?

2. 供应链金融中的哪些业务会涉及物联网技术?物联网技术如何帮助企业解决业务难题?

3. 云计算的优势和发展潜力是什么?

4. 区块链与供应链金融如何实现有机结合?

主要参考文献

陈晓华，吴家富. 供应链金融 [M]. 北京：人民邮电出版社，2018.

深圳发展银行，中欧国际工商学院"供应链金融"课题组. 供应链金融：新经济下的新金融 [M]. 上海：上海远东出版社，2009.

宋华. 供应链金融 [M]. 3 版. 北京：中国人民大学出版社，2021.

田俊峰，司艳红，王力，等. 供应链金融的文献回顾与展望：边界、趋势、方法及主题 [J]. 供应链管理，2020，1 (6)：60-76.

吴科. 供应链金融 [M]. 南京：东南大学出版社，2020.

BABICH V, BIRGE J R. The interface of finance, operations, and risk management [M]. Boston：Now publishers Inc., 2021.

HOFMANN E, BELIN O. Supply chain finance solutions relevance-propositions-market value [M]. Berlin Heidelberg：Springer-Verlag, 2011.

ROSS S A, WESTERFIELD R W, JAFFE J F, et al. Corporate finance [M]. 11th edition. New York：McGraw Hill, 2016.

供应链金融：理论、实务与前沿进展